Das Kita-Jahreszeitenbuch

Bewegungsspiele

Bildnachweis

Freepik.de

Gettyimages.de
S. 1: dvoriankin | S. 5: Kikovic | S. 11: wildcat78 | S. 12: avid_creative | S. 16: TOSHIAKI ONOa.collectionRF | S. 17: MarkLG1973 | S. 21: npdesignde | S. 31: RonyZmiri | S. 33: ValentynVolkov | S. 35: PeopleImages | S. 37: LOSHADENOK | S. 39: Imgorthand | S. 46: indiegirl1975 | S. 49: DieterMeyrl | S. 56: eugenesergeev | S. 59: Kikovic | S. 60: praisaeng | S. 61: Image Source | S. 65: suefeldberg | S. 70: Ariel Skelley | S. 80: dvoriankin

Impressum

ISBN: 978-3-96046-083-1

Das Kita-Jahreszeitenbuch Bewegungsspiele

Klett Kita GmbH
Rotebühlstr. 77
70178 Stuttgart
www.klett-kita.de

Redaktion	Myriam Bork
Redaktionelle Mitarbeit	Janine Klumper
Autoren	Britta Bartoldus, Marion Bischoff, Michaela Hinsen, Margot Lindner, Michaela Lambrecht, Michael Müller, Leah Schäfer, Tina Scherer, Theresa Schuster
Illustration	Nadine Liesse
Umschlagillustration	Anke Dammann
Gestaltung und Satz	DOPPELPUNKT, Stuttgart
Druck	Paper & Tinta, Nadma

3. Auflage

Inhalt

Frühling

Sommer

Herbst

Winter

Liebe Leserinnen und Leser,

ob Frühling, Sommer, Herbst oder Winter – Kinder wollen sich bewegen! Sie probieren sich aus, lernen ihren Körper besser kennen und werden mit jedem Schritt selbstsicherer. Über die Bewegung setzen sich die Kinder mit ihrer Umwelt auseinander und nehmen die Umgebung ganzheitlich wahr – sie entdecken die Welt hüpfend, kletternd und tanzend. Auch die Jahreszeiten erleben sie mit allen Sinnen und immer in Bewegung: Wie fühlt sich Gras unter den Füßen an? Oder ein Bad im Herbstlaub? Kann ich über die zugefrorene Pfütze schlittern?

Den Kindern in ihrem natürlichen Bewegungsdrang entgegenzukommen und ihnen ganzheitliche Bewegungserfahrungen zu ermöglichen, ist daher ein wichtiger Teil in Ihrem pädagogischen Alltag. Das ganze Jahr über in Bewegung zu bleiben ist überhaupt nicht schwer. In diesem Buch finden Sie zu jeder Jahreszeit die passende Bewegungsidee. Ob im Gruppenraum oder draußen in der Natur, im Morgenkreis oder einfach zwischendurch: Die Mitmachgedichte, Bewegungsspiele, Lauf- und Staffelspiele integrieren Sie problemlos in Ihren Alltag und bieten den Kindern dadurch vielfältige Bewegungsangebote. Abwechslungsreiche Bewegungseinheiten wie die Apfelsortieranlage, die Winterolympiade oder das Osterhasenrasen sind schnell im Bewegungsraum aufgebaut und machen allen Kindern Spaß.

Wir wünschen Ihnen und Ihren Kindern eine bewegte Zeit miteinander!

Ihr Jahreszeitenbuch-Team

Frühling

Hurra, der Frühling ist wieder da!

Mitmachgedicht

Alter: ab 3 Jahren
Dauer: 10 Minuten

Wenn die Frühlingssonne lacht,
Arme über den Kopf strecken und die Finger weit spreizen.

wenn die Blumen aufgewacht,
Arme vor dem Körper anwinkeln, die Handflächen zeigen zum Gesicht, die Finger nach oben, Fingerspitzen und Daumen zusammenführen und langsam öffnen wie eine Blüte.

kommen übers weite Meer
Eine weit ausholende Bewegung mit den Armen vor dem Körper machen, Handflächen zeigen nach unten.

alle Vögel wieder zu uns her.
Hände und Arme bewegen sich zum Körper hin, dann schwingende Flügelbewegungen neben dem Körper machen.

Ruh'n sich erst ein wenig aus,
Hände runternehmen und still halten.

fliegen dann über die Berge nach Haus.
Schwingende Flügelbewegungen mit den Armen.

Einer hierhin, einer dort!
Körper dabei nach rechts und links drehen.

Jeder an einen anderen Ort.
Rechten Arm ausstrecken und mit dem Zeigefinger in die Ferne zeigen, Arm dabei von links nach rechts bewegen.

Und wer sie hat zuerst gesehn,
Hand über die Augen und suchend in die Ferne schauen.

der steigt in die Höh' und bleibt dort stehn.
Kletterbewegung, dann still halten.

Die Kinder rufen vor Freude: „Hurra! Der Frühling, der Frühling ist wieder da!“
Arme hochreißen und in die Luft springen.

Idee: Theresa Schuster

Wo sind die Eier?

Bewegungsspiel

Pünktlich zu Ostern können sich die Kinder auf die Eiersuche einstimmen. Gestalten Sie mit der Kindergruppe ein aktives und fröhliches Spiel und lassen Sie die Kinder zu kleinen Osterhasen werden.

Alter: ab 3 Jahren
Dauer: 15 Minuten

Material

- Karton in Rot, Blau und Gelb
- 3 Körbe

Vorbereitung

Schneiden Sie mit den Kindern aus Karton jeweils 10 Ostereier in den Grundfarben Rot, Blau und Gelb aus.
Im Bewegungsraum oder im Hof verteilen Sie die Eier an verschiedenen Orten in einem abgegrenzten Spielfeld. Der Turnraum ist ohnehin schon begrenzt. Im Freien können Sie beispielsweise die Rasenfläche als Spielfeld nutzen.

Die große Eiersuche

Teilen Sie die Gruppe in drei Kleingruppen auf. Dabei wird benannt, welche Gruppe für welche Farbe zuständig ist. Jede Gruppe bekommt einen Korb, in dem sie ihre Eier sammelt. Wer am schnellsten alle seine Eier eingesammelt hat, hat gewonnen. Es darf immer nur ein Ei pro Lauf mitgenommen werden.

TIPP: Die Kinder tun sich leichter, wenn die Körbe jeweils auch farblich markiert sind.

Idee: Marion Bischoff

Der Osterhase Schwupps

Alter: ab 3 Jahren
Dauer: 10 Minuten

Aufpassgeschichte

Bald ist endlich Ostern. **Hanna** ist schon ganz aufgeregt. Sie möchte doch dieses Jahr so gerne endlich mal den **Osterhasen Schwupps** sehen. **Hanna** trägt vorsichtig das Osterkörbchen, das **alle** Kinder im Kindergarten gebastelt haben, nach Hause.

„Das ist für den **Osterhasen Schwupps**", erklärt sie **Mama** und **Papa**. **Mama** schaut in das Körbchen und fragt **Hanna**: „Wieso liegt denn schon ein Schoko-Ei im Körbchen?" „Das ist für **Schwupps**", antwortet **Hanna**. „Mag **Schwupps** denn überhaupt Schokolade?", fragt **Papa**.

„Aber klar, **alle** mögen Schokolade!", antwortet Hanna. Am Ostersonntag ist **Hanna** schon ganz früh wach. Sie läuft aufgeregt ins Schlafzimmer und weckt **Mama** und **Papa**. Ganz laut ruft **Hanna**: „Aufstehen, **Mama**! Aufstehen, **Papa**!" **Hanna** möchte ganz schnell in den Garten und hofft, dass sie **Schwupps** sehen kann.

Alle ziehen sich ganz schnell an. Dabei versucht **Hanna** immer wieder aus dem Fenster zu schauen und **Schwupps** zu sehen. **Papa** sucht mit **Hanna** im ganzen Garten. Sie finden Schoko-Ostereier, Schoko-Hasen und Gummibärchen in Form von Hasen und Eiern. Nur den **Osterhasen Schwupps** kann **Hanna** nicht finden. „Sei nicht traurig", sagt **Mama** und zeigt **Hanna** das Osterkörbchen. In dem Osterkörbchen steckt eine Nachricht von **Schwupps**. **Papa** liest **Hanna** die Nachricht vor: „Danke für das Schoko-Ei, es war ganz lecker. Dein **Schwupps**."

Mama sagt nachdenklich: „Dann mag der **Osterhase Schwupps** wohl doch Schokolade?" **Papa** sagt nur lachend: „**Alle** mögen Schokolade."

Und so geht's:

Für das Spiel teilen sich die Kinder in unterschiedliche Rollen ein: **Osterhase Schwupps**, **Mama**, **Papa** und **Hanna**.

Lesen Sie den Kindern die Geschichte vor. Immer wenn in der Geschichte ein Name fällt (fett gedruckt), steht das Kind der jeweiligen Rolle auf und läuft eine Runde um den Sitzkreis, den Tisch oder einmal im Raum herum. Bei **alle** laufen natürlich alle Kinder.

Idee: Britta Bartoldus

Die Blumenkinder

Laufspiel

Jetzt im Frühling blühen wieder überall die schönsten Blumen. Bei diesem Laufspiel kommen Ihre kleinen Blumenkinder richtig auf Hochtouren.

Material:

- Filz in verschiedenen Farben
- Scheren
- für jede Mannschaft ein Klettband, das einem Kind umgelegt werden kann

Alter: ab 4 Jahren
Dauer: 15 Minuten

Auf die Blüte, fertig, los!

Basteln Sie mit den Kindern für das Spiel Blütenblätter aus Filz.
Die Kinder bilden zwei Mannschaften. Je ein Kind ist das Blumenkind und steht in der Mitte seiner Mannschaft. Legen Sie diesem Kind das Klettband um.
Die Blütenblätter liegen an einem zentralen Platz, gleich weit von beiden Blumenkindern entfernt.
Nun haben beide Mannschaften jeweils 1,5 Minuten Zeit, möglichst viele Blütenblätter an ihrem Blumenkind zu befestigen. Dabei darf jedes Kind jeweils nur 1 Blütenblatt holen, am Blumenkind befestigen und dann erst das nächste Blütenblatt holen.

TIPP: Teilen Sie die Gruppen der Kinder auch altersmäßig relativ gleich stark auf. Oder lassen sie jüngere Kinder und anschließend ältere Kinder gegeneinander antreten.

Idee: Marion Bischoff

Das große Ameisenturnen

Bewegungsspiel

Ameisen sind unglaublich stark und können das 180-fache ihres Körpergewichtes stemmen. Grund genug, die kleinen Krabbler mit den Riesenkräften einmal zu Hauptakteuren eines Bewegungsabenteuers zu machen.

Alter: ab 3 Jahren
Dauer: 30 Minuten

Material

- Handtrommel
- Für jedes Kind ein kleines Säckchen
- Große Decke

Im Gleichschritt Marsch!

Alle Kinder dürfen Ameisen spielen und sich im Raum nach Belieben bewegen. Sobald Sie mit der Handtrommel einmal trommeln, bleiben alle stehen, warten auf das nachfolgende Kommando und führen die Aufgabe durch. Sobald die Aufgabe durchgeführt ist, geht es mit einem erneuten Trommelschlag weiter und die Kinder dürfen sich bis zum nächsten Kommando frei bewegen.

Idee: Michaela Lambrecht

Mögliche Kommandos

Alle Ameisen marschieren im Gleichschritt.

Alle Kinder stellen sich paarweise hintereinander auf. Im Wechsel ziehen sie die beiden Knie nach oben und bewegen die angewinkelten Arme vor und zurück. Dabei können Sie darauf achten, dass die Kinder diese Bewegung über Kreuz ausführen, also den linken Arm gemeinsam mit dem rechten Bein anheben. Solche Bewegungen mit diagonal gegenüberliegenden Körperteilen unterstützen unter anderem das bilaterale, vernetzte Denken (Denken mit beiden Gehirnhälften).

Alle Ameisen tragen Lasten.

Jedes Kind darf ein kleines Säckchen auf dem Kopf balancieren. Das Balancieren und Gleichgewichthalten trainiert viele Fähigkeiten auf einmal, unter anderem Körperkoordination, Raum-Lage-Sinn, vestibuläre Wahrnehmung und Konzentration.

Alle Ameisen bauen einen Ameisenhügel.

Alle Kinder dürfen sich ganz nah aneinander stellen. Sie stellen mit ihrem Körper nach, wie ein Ameisenhügel aussehen könnte. Dazu müssen die Kinder sich untereinander absprechen. Auf diese Weise werden soziale Kompetenzen und Sprache gefördert.

Alle Ameisen machen ein Picknick.

Jetzt dürfen sich alle schnell auf eine ausgebreitete Decke im Raum setzen.

Abschluss: Ameisenpicknick

Bieten Sie den Kindern am Ende der Geschichte doch tatsächlich ein kleines Ameisenpicknick an. Was Ameisen so essen? Ameisen sind Landwirte: Sie halten sich Blattläuse, um die süße Flüssigkeit aufzuschlürfen, die diese kleinen Tierchen absondern. Dazu saugen die Blattläuse an den Stielen und Blättern. Ganz schön clever! Eine normale Vesper tut es aber auch.

Die Frühlingsfee ist unterwegs

Bewegungsspiel

Alter: ab 4 Jahren
Dauer: 20 Minuten

Der Frühling ist auch die Zeit der Schmetterlinge. Dieses Spiel von der Frühlingsfee, die aus Raupen Schmetterlinge zaubert, können Sie drinnen oder draußen spielen.

Material

- frühlingshafte Musik oder ein Klanginstrument
- Zauberstab

Frühlingsfee unterwegs

Zu Beginn des Spiels sind alle Kinder Raupen. Sie hocken oder legen sich auf den Boden und machen sich ganz klein. Ein Kind ist die Frühlingsfee. Die Frühlingsfee huscht zwischen den Raupen umher. Dazu erklingt die Musik. Wenn die Frühlingsfee eine Raupe mit einem Zauberstab berührt und ihren Zauberspruch *Klingelklangel, klingeling, gleich bist du ein Schmetterling!* spricht, wird die Raupe zum Schmetterling und darf mit der Fee umherschweben. Das Spiel geht so lange, bis alle Raupen zu Schmetterlingen geworden sind.

Wettspiel-Variante

Auch als Wettspiel und damit etwas spannender lässt sich das Frühlingsfeenspiel gestalten. Dazu malen die Kinder vor Spielbeginn mit Kreide ein oder zwei große Blüten auf den Boden oder die Kinder legen alternativ Seile aus oder kleben eine Fläche mit bunten Klebestreifen ab. Wenn die Musik stoppt, bleiben alle Schmetterlinge stehen. Wer sich dann auf einer Blüte (dem abgeklebten Feld) befindet, wird wieder zur Raupe und muss warten, bis er wieder zum Schmetterling gezaubert wird. Wer dreimal Raupe war, muss ausscheiden.

Idee: Tina Scherer

Blüten-Asana

Yoga-Reim

Alter: ab 3 Jahren
Dauer: 10 Minuten

Kleine Blume, komm doch raus,
strecke deine Blätter aus!

Alle Kinder sitzen in der Hocke auf dem Boden und erheben sich langsam.

Es ist schon warm, der Winter fort,
wachse hoch an diesem Ort.

Sich aufrichten, die Hände über dem Kopf falten.

Reck und streck dich hoch hinauf,
in deinem Blumen-Dauerlauf.

Mit über dem Kopf gefalteten Händen strecken.

Entfalte deine Blütenblätter,
bei Sonne und bei Regenwetter.

Die Hände langsam und kreisförmig sinken lassen und dabei laut ausatmen.

Idee: Tina Scherer

Zu Besuch im Schmetterlingsland

Mitmachgeschichte

Alter: ab 3 Jahren
Dauer: 20 Minuten

Stellt euch vor, wir sehen einen wunderschönen Schmetterling. Dieser lädt uns ein, ihn im Schmetterlingsland zu besuchen. Lasst uns gemeinsam ins Schmetterlingsland reisen. Wir fliegen dem Schmetterling hinterher.
Die Arme v-förmig über dem Bauch ausbreiten und beim Gehen auf- und zuklappen. Auf diese Weise eine Runde laufen.

Endlich sind wir im Schmetterlingsland angekommen, wir müssen durch eine bunte Tür steigen.
Nacheinander steigen alle Kinder durch den Ring aus Chiffontüchern.

Jetzt sind wir richtig müde vom langen Fliegen. Wir setzen uns hin und ruhen uns etwas aus. Dabei schlagen wir natürlich mit unseren Flügeln.
Kinder ziehen im Sitzen die Beine an und klappen sie aus und ein.

Die Schmetterlinge laden uns ein, gemeinsam zu singen und zu tanzen.
Das Spiellied „Schmetterling, du kleines Ding" spielen.

Schade, jetzt ist unser Besuch auch schon zu Ende. Wir winken zum Abschied und steigen wieder durch die bunte Tür.
Wieder durch den Chiffontücherring steigen.

Langsam fliegen wir wieder nach Hause. Wir sind sehr müde, als wir ankommen. Jetzt ruhen wir uns erst einmal etwas aus. Was für ein schöner Ausflug!

Material

- 4 Chiffontücher zu einem Ring aneinandergeknotet

Idee: Michaela Lambrecht

Häschen Hüpf

Laufspiel

Im Frühling sind die Tiere los! Da flattern die Hühner und krabbeln die Käfer. Bei diesem Laufspiel kriechen, flattern und hüpfen auch die Kinder.

Alter: ab 3 Jahren
Dauer: 15 Minuten

Häschen hüpf, Hühnchen flatter

Die Kinder stehen in zwei Gruppen in Reihen hintereinander.
Legen Sie einen Zielpunkt fest. Im Freien kann es beispielsweise ein Baum sein, der umrundet werden muss. Im Bewegungsraum schlagen die Kinder jeweils eine Hand an die Wand und laufen zurück zu ihrer Mannschaft.

Nun geben Sie die erste Aufgabe durch:

- Häschen hüpf

Die Kinder, die als erste in ihrer Reihe stehen, hüpfen los.
Zwischendurch ändern Sie jeweils die Aufgaben:

- Schmetterling flieg
- Hühnchen flatter
- Käferchen krabbel
- Würmchen kriech
- Lämmchen spring

Idee: Marion Bischoff

Das Osterhasenrasen

Bewegungseinheit

Der kleine Osterhase hat in dieser Turnstunde ganz schön viel zu tun. Und nicht nur das: Er muss sich auch vor hungrigen Füchsen schützen und gefährliche Flüsse überqueren. Ob die Kinder ihm helfen möchten?

Alter: ab 3 Jahren
Dauer: 45 Minuten
Ort: Bewegungsraum

Aufwärmen
Fuchs, Hase, Osterei

MATERIAL: Bewegungsmusik

In diesem Spiel sind die Kinder Osterhasen. Zur Musik laufen sie durch den Raum. Bei Musikstopp sollen die Kinder möglichst schnell auf die Kommandos reagieren:

FUCHS: flach auf den Boden legen, damit der Fuchs die langen Ohren nicht sieht
OSTEREI: klein und rund machen wie ein Osterei
HASENGANG: auf der Stelle hüpfen wie ein Hase

Idee: Britta Bartoldus

Station 1: Eierstaffel

MATERIAL: 1 Becher pro Kind, 2 bis 3 Plastikeier

Teilen Sie die Kinder in zwei bis drei Mannschaften ein. Jedes Kind nimmt sich einen Becher. Die Kinder stellen sich mit gegrätschten Beinen in zwei Reihen hintereinander auf. Das letzte Kind in der Reihe legt ein Ei in seinen Becher. Das Kind gibt das Ei durch die gegrätschten Beine des Vorderkindes nach vorne weiter. Dabei läuft das Kind nach vorne. Das Ei wird Becher für Becher immer wieder weitergegeben, bis die Mannschaft an der anderen Hallenseite angekommen ist.

Station 2: Hasen hüpfen

MATERIAL: 20 Teppichfliesen

Die Teppichfliesen werden so im Raum verteilt, dass die Kinder mit einem Sprung von einer Teppichfliese zur nächsten hüpfen können. Die Kinder können sich dazu eine Abenteuergeschichte ausdenken, in der der Osterhase über einen gefährlichen Fluss gelangen muss, in den er auf keinen Fall hineinfallen darf.

Station 3: Eiertransport

MATERIAL: Für jedes Kind 1 Plastikei und 1 Löffel

Geben Sie jedem Kind einen Löffel und ein Plastikei. Die Kinder sollen das Ei auf dem Löffel balancieren. Variante: Teilen Sie die Kinder in zwei Mannschaften ein. Jede Mannschaft bekommt einen Löffel und ein Plastikei. Die Kinder stellen sich jeweils in einer Reihe hintereinander auf. Als Staffel versuchen die Mannschaften, als schnellste die Eier zu transportieren.

Abschluss: Hol die Eier zurück!

MATERIAL: 2 Kisten, viele bunte Bälle

Ein Kind ist der Fuchs. Es bekommt eine Kiste mit Bällen (als Eier). Diese wird auf der einen Seite des Turnraums aufgestellt. Die anderen Kinder sind die Hasen und versuchen nun, sich die Eier wiederzuholen. Die leere Kiste der Hasen steht auf der anderen Seite des Turnraums. Die Hasen holen immer einen Ball aus der Kiste bei dem Fuchs und versuchen ihr Ei zur eigenen Kiste zu bringen. Wenn der Fuchs den Hasen dabei fängt, muss er den Ball wieder zurück in die Kiste des Fuchses legen.

Auf der Krabbelwiese

Mitmachgedicht

Alter: ab 3 Jahren
Dauer: 20 Minuten

Auf der Wiese, da ist was los,
hier wimmelts von Tieren –
klein und groß.

Klein und groß andeuten.

Seht die Biene, sie fliegt hinaus,
bringt leckeren Honig mit nach Haus.

Wie eine Biene herumfliegen und dabei Honig sammeln.

Der Grashüpfer nimmt Anlauf
und springt ganz weit,
für ihn ist das eine Kleinigkeit.

Wie ein Grashüpfer hüpfen.

Die Schnecke kriecht mit ihrem Haus,
streckt dabei ihre Fühler aus.

Wie eine Schnecke kriechen.

Die Spinne krabbelt schnell herum,
sie baut ein Netz – das ist nicht dumm.

Auf allen Vieren krabbeln. Danach hinstellen und mit beiden Armen ein Netz in die Luft zeichnen.

Die Ameise marschiert:
„Und eins und zwei!"
Schweres Gepäck hat sie immer dabei.

Wie eine Ameise im Takt marschieren, dabei die Arme nach oben halten und so tun, als würde man etwas Schweres tragen.

Doch das allerschönste Ding,
das ist ein bunter Schmetterling.

Flügelschlagend durch den Raum flattern.

Idee: Leah Schäfer

Die Gießkanne

Staffelspiel

Ein Spiel, das sowohl die Geschicklichkeit als auch Bewegung fördert. Sammeln Sie alle Kinder ein und spielen Sie das Gießkannen-Spiel im Freien auf einer Wiese. Hier ist Teamwork gefragt!

Material

- 2 Gießkannen
- Blaue, handgroße Holzkugeln

Alter: ab 3 Jahren
Dauer: 15 Minuten

Wasser marsch!

Teilen Sie die Kinder in zwei Gruppen auf. Die Kinder stehen hintereinander und grätschen die Beine. Hinter dem letzten Kind in der Reihe wird jeweils die Gießkanne platziert. Vor dem ersten Kind in der Reihe steht ein Korb oder eine Kiste mit den blauen Kugeln.
Ertönt das Startzeichen, nimmt das erste Kind eine Kugel aus dem Korb, gibt diese zwischen den Beinen ans nächste Kind durch, dies gibt es ans nächste weiter, usw. Wenn das letzte Kind die Kugel in die Gießkanne wirft, ruft es: „Wasser marsch". Dann nimmt das erste Kind wieder eine Kugel, gibt sie durch, wie zuvor.
Die Gruppe, die zuerst alle Kugeln in ihrer Gießkanne hat, hat gewonnen.

Idee: Marion Bischoff

Die Reise durch die Elemente

Mitmachgeschichte

Feuer, Wasser, Luft und Erde – bei dieser Fantasiereise mit viel Bewegung erleben die Kinder Abenteuer im Reich der Elemente.

Alter: ab 5 Jahren
Dauer: 45 Minuten
Ort: Bewegungsraum

Material

- Schatzkiste mit Glitzersteinen (1 Stein für jeden)
- Brief von den vier Elementen
- 1 große Decke
- 1 einzelnes Kastenelement, Langbank, Kriechtunnel, Tisch mit Bettlaken darüber, mehrere Teppichfliesen, für jedes Kind ein kleines Watteballchen, Korb

Vorbereitung

Eine Einladung zu einer Reise durch Feuer, Wasser, Luft und Erde? Bereiten Sie für die Kinder einen Brief vor, der die Kinder mit vielen Bildelementen zum bevorstehenden Abenteuer einlädt und legen Sie den Brief in die Schatzkiste. Legen Sie außerdem für jedes Kind einen Glitzer- oder Muggelstein in die Schatzkiste. Bauen Sie im Turnraum die einzelnen Stationen auf: ein einzelnes Kastenelement als Ruderboot, an das sich eine Langbank zum Balancieren anschließt, dann einen oder mehrere Kriechtunnel, die unter dem Tisch enden, den Sie mit einem Tuch oder Laken abdecken. Daran schließen sich mehrere nah beieinander liegende Teppichfliesen an. Stellen Sie den Korb mit den Watteballchen bereit. Es sollte noch so viel Platz sein, dass Sie die große Decke auslegen und die Kinder darauf ein Stück ziehen können.

Und los geht die Reise!

Schaut mal, hier ist eine Schatzkiste! Wollt ihr nachsehen, was darin ist?

Im Sitzkreis schauen sich die Kinder die Schatzkiste an. Was wohl darin ist? Die Kinder finden beim Öffnen den Brief der Elemente. Was glauben die Kinder, was das ist? Genau, eine Einladung ins Reich der Elemente. Lesen Sie den Brief kurz vor und starten Sie dann die Bewegungsreise.

Idee: Michaela Lambrecht

Unsere Reise beginnt im Element Luft. Und weil man durch die Luft am besten mit einem fliegenden Teppich reisen kann, nehmt ihr am besten alle darauf Platz — huiiiii! — es geht los!
Alle Kinder setzen sich auf eine Decke und Sie ziehen die Kinder durch den Raum.

Wo unser Teppich landet? Ich glaube, wir sind im Reich des Elementes Wasser angelangt. Alles hier besteht aus Wasser: Steigt ins Ruderboot!
Die Kinder setzen sich in den Kasten und rudern mit den Armen.

Jetzt müssen wir zu Fuß weiter zum Wasserschloss. Dafür müssen wir über eine schmale Brücke balancieren. Das ist ganz schön schwierig.
Die Kinder balancieren nacheinander auf einer umgedrehten Langbank.

Die Prinzessin des Wasserschlosses begrüßt uns. Nach einer Weile wartet schon der fliegende Teppich auf uns. Wir fliegen weiter in das Reich der Erde.
Kinder nehmen wieder auf der Decke Platz und werden durch den Raum gezogen.

Im Reich der Erde müssen wir durch viele Erdtunnel kriechen, bis wir zur Höhle der Erdkönigin kommen.
Die Kinder kriechen durch den Kriechtunnel.

In der Höhle trinken wir einen Wurzeltee mit der Erdkönigin. Hier ist es zwar sehr schön, aber auch etwas eng. Und unser fliegender Teppich wartet schon.
Die Kinder kriechen durch den Kriechtunnel unter den mit der Decke abgedeckten Tisch als Höhle.

Nehmt alle Platz, denn jetzt geht es auf ins nächste Elemente-Reich, wir reisen ins Feuer.
Kinder setzen sich wieder auf die Decke und lassen sich von Ihnen ziehen.

Im Reich des Feuers ist es sehr heiß. Wir müssen den Feuersee durchqueren, um zur Feuerburg zu kommen. Gut, dass es hier Trittsteine gibt. Passt gut auf, dass ihr nicht danebenhüpft!
Die Kinder hüpfen von einer Teppichfliese zur nächsten.

Puh, geschafft! Endlich sind wir im Feuerschloss angekommen, wo wir von der Feuerfee freundlich empfangen werden. Aber bald schon ist es wieder Zeit, um zum letzten Element, der Luft, aufzubrechen. Unser Teppich wartet schon auf uns.
Die Kinder lassen sich wieder durch den Raum ziehen.

Im Reich der Luft müssen wir ein kleines Watteballchen durch den Raum pusten. Wenn wir das schaffen, dürfen wir die Luftelfen im Luftschloss begrüßen.
Die Kinder pusten ihren Watteball durch den Raum.

Jetzt haben wir alle vier Elemente kennengelernt und der Teppich bringt uns sicher wieder zurück in den Kindergarten. Kommt, steigt alle ein!
Sie ziehen die Kinder ein letztes Mal ein Stückchen durch den Raum.

Die Wasserprinzessin, die Erdkönigin, die Feuerfee und die Luftelfen haben noch ein kleines Dankeschön für euch: Zur Erinnerung an unsere Reise dürft ihr euch alle einen Glitzerstein aus der Schatzkiste nehmen.

Sommer

Eine Weltreise mit dem Schwungtuch

Bewegungseinheit

Alter: ab 3 Jahren
Dauer: 40 Minuten
Ort: Bewegungsraum

Schnell mal rund um die Welt: Mit Fantasie und Lust an der Bewegung ist das möglich. Diese kleine Turneinheit führt Sie von der Nordsee nach Australien – und wieder zurück in die Kita.

Einstimmung: Mit Blicken auf Weltreise

Mit dem Globus stimmen Sie die Kinder auf die Weltreise ein. Welche Länder kennen die Kinder schon? Wo ist überall Meer? Wo wohnen die Eisbären? In welchen Ländern sind die Kinder geboren?

Das Schwungtuch ist heute das Fluggerät. Dafür hält jedes Kind eine Schlaufe mit der rechten Hand fest und der linke Arm wird zur Seite ausgestreckt. Zu jedem Flug wird der folgende Flugspruch gesagt:

„Wir breiten unsere Flügel aus
und fliegen in die Welt hinaus.“

Material

- 1 Schwungtuch
- 1 Globus oder Weltkarte
- 1 Ball

Fliegen Sie mit den Kindern zu unterschiedlichen Orten und in verschiedene Länder. Vielleicht reisen Sie zu den Orten, die die Kinder gerade auf dem Globus besprochen haben? Zeigen Sie den Kindern zwischendurch, wohin sie als Nächstes fliegen. Los geht es zum Beispiel an der Nordsee:

Nordsee

Die Nordsee ist mal wild und mal ganz still. Probieren Sie mit den Kindern unterschiedliche Schwungarten aus: Ganz leichtes Schwingen, ganz wildes Schwingen und für besonders hohe Sturmwellen schwingen alle gleichzeitig hoch und runter.

Idee: Britta Bartoldus

Grönland

In Grönland liegt fast das ganze Jahr Schnee. Zum Übernachten im Schnee bauen sich manche Bewohner, wenn sie auf Reisen sind, Iglus, damit sie in der Kälte nicht erfrieren. Wir bauen heute auch ein Iglu. Dafür das Schwungtuch hochschwingen und innen auf den Rand setzen. Bei dem vielen Schnee kommt man am besten mit dem Hundeschlitten voran. Wer möchte das einmal ausprobieren? Dafür legen Sie das Schwungtuch doppelt. Jeweils 1 oder 2 Kinder setzen sich jetzt auf den Schlitten (Schwungtuch) und werden von anderen Kindern, den Schlittenhunden, durch die Halle gezogen. Anschließend wird getauscht.

Australien

Auf dem Pazifik fahren viele Schiffe. Auf dem Meer fährt ein Schiff im Kreis, weil es die Orientierung verloren hat. Ein Ball wird als Schiff am Tuchrand laufen gelassen. Heute ist es ganz stürmisch und das Schiff gerät in Seenot. Der Ball hüpft auf dem Schwungtuch. Hoffentlich schafft das Schiff es in den Hafen. Dafür den Ball langsam in die Mitte rollen lassen.

Südafrika

Im Sumpf leben viele Krokodile. Die Kinder sitzen im Langsitz, dabei ist das Schwungtuch über den Beinen. Ein Kind ist das Krokodil und darf unter das Schwungtuch, es zieht die anderen Kinder an den Beinen ebenfalls unter das Schwungtuch.

Italien

In Rom gibt es eine Mäuseplage. Die Katzen sollen die Mäuse fangen. Ein Kind darf als Maus unter das Schwungtuch. Ein anderes Kind darf als Katze auf dem Schwungtuch krabbeln und versucht, die Maus zu fangen. Die anderen Kinder machen Wellen, damit es nicht zu leicht ist.

Abschluss: Entspannung mit Schwung

Wir fliegen wieder nach Hause. Nach der langen und aufregenden Weltreise dürfen wir uns ausruhen. Jedes zweite Kind legt sich unter das Schwungtuch und ruht sich aus. Die anderen Kinder schwingen das Schwungtuch ganz sanft. Anschließend wird getauscht.

Vogeleltern-Wettlauf

Bewegungsspiel

Vogeleltern haben mit ihrem Nachwuchs ja bekanntlich ganz schön viel Arbeit. Das erfahren die Kinder selbst, indem sie sich in ein Vogeleltern-Paar verwandeln und im Wald auf Futtersuche für ihre Kleinen gehen. Ein prima Aufwärmspiel mit viel Bewegung und Spaß.

Alter: ab 4 Jahren
Dauer: 15 Minuten

Material

- 1 Päckchen Zahnstocher (100 Stück)
- Lebensmittelfarben in Gelb, Blau, Braun und Rot

Vorbereitung

Mit der Lebensmittelfarbe die 100 Zahnstocher in verschiedenen Farbtönen einfärben und gut trocknen lassen.

Wo ist das Futter?

Die Kinder verstreuen die Zahnstocher in einem gekennzeichneten Waldgebiet oder im Außengelände (Spielfläche etwa 10 x 10 m) und markieren etwa 5 m vom Spielfeldrand eine Startlinie. Die Kinder finden sich zu Paaren zusammen, sie sind jetzt Vogeleltern, die ihre Jungen im Nest mit Würmern (den Zahnstochern) füttern wollen. Dazu stellen sich alle Vogelpaare an der Startlinie auf, die auch gleichzeitig das Nest darstellen soll. Ein Vogel bleibt immer im Nest, denn die Jungen müssen ja gewärmt werden. Der andere Vogelpartner fliegt nach einem Startsignal aus, um Futter zu suchen. Es darf immer nur ein Wurm zurück in das Nest gebracht werden. Nicht schummeln. Die Vogeleltern wechseln sich ab.

Wer hat die meisten?

Nach dem Spiel zählen die Vogelpaare ihre erbeuteten Würmer: Welches Vogelpaar entdeckte die meisten Würmer? Welche Farbe haben die am meisten gefundenen Würmer? Womit könnte das zusammenhängen? (Tipp für die Kinder: Denkt dabei auch an das Täuschen und Tarnen der Waldtiere. Warum sind Regenwürmer wohl braun?)

Idee: Michael Müller

Paul, die Maus

Mitmachgedicht

Alter: ab 3 Jahren
Dauer: 15 Minuten

Die Sonne scheint und Paul, die Maus,
streckt den Kopf aus seinem Haus.

Auf allen Vieren sitzen, den Oberkörper nach vorne strecken.

Paul wackelt mit dem Näschen
und hoppelt wie ein Häschen.

Mit der Nase wackeln, danach wie ein Hase hüpfen.

Er legt sich voll Entzücken,
schnell auf seinen Rücken.

Auf den Rücken legen.

Lässt die Sonne auf sich scheinen
und strampelt mit den Beinen.

Mit den Armen und Beinen strampeln.

Er rollt sich hin und rollt sich her,
und noch einmal, das ist nicht schwer.

Hin und her rollen.

Dann läuft Paul los,
um sich Essen zu suchen,
vielleicht einen Käse oder gar
ein Stück Kuchen.

Umhergehen, dabei den Bauch reiben.

Jetzt bleibt er stehen und
schaut in das Eck,
liegt da tatsächlich ein
Stückchen Speck?

Die Hand zum besseren Sehen über die Augen halten.

Paul rennt los und packt alles ein,
dann geht er ganz gemütlich heim.

Rennen und so tun, als würde man das Essen einpacken. Danach umherschlendern.

Zuhause ruft er die Familie herbei,
gemeinsam essen sie die Leckerei.

Hinsetzen und so tun, als würde man den Speck aufessen.

Idee: Leah Schäfer

Kost-nix-Spielideen

Bewegungsspiele

Innovative Spaßspiele für Ihr Sommer- oder Sportfest müssen nicht viel kosten und Sie müssen keine teuren Sportartikel einkaufen: Manchmal kommt es einfach nur auf eine gute Idee an. Wir stellen Ihnen zwei Selbstmach-Spielideen vor. Was Sie brauchen? Eine Wiese, stabile Tische und viel Spaß am Bewegen.

Alter: ab 3 Jahren
Dauer: 40 Minuten

Spiel 1: Filterlauf

MATERIAL: 2 ausgediente Kaffeemaschinen-Filtereinsätze (aus Kunststoff), 4 Eimer mit gleichem Fassungsvermögen (am besten mit 10 l Volumen), 2 dicke Seile, Signalgerät (Trillerpfeife, Tröte)

Mit den beiden dicken Seilen eine Start- und eine Ziellinie markieren. An der Startlinie nehmen zwei gleich starke Teams Aufstellung. Hier deponieren Sie bei jedem Team einen gefüllten Wassereimer und einen Filter. An der Ziellinie stellen Sie zwei leere Wassereimer auf. Auf das Startsignal hin starten die ersten beiden Spieler jedes Teams.
Die schöpfen mit dem Filter Wasser aus dem Eimer und laufen oder rennen damit zum leeren Eimer an der Ziellinie. Verboten: Den Filter beim Transport unten zuhalten! Das Spiel ist zu Ende, wenn die Wassereimer an der Startlinie leer sind.

Nun wird nachgeguckt, welches Team das meiste Wasser im Eimer an der Ziellinie hat. Dieses Team ist Sieger. Ein Kind kann auch als Schiedsrichter fungieren und an der Station aufpassen, dass nicht gemogelt wird. Am Ende kann der Schiedsrichter auch Orden oder kleine Belohnungen an die Gewinner (und Verlierer) ausgeben.

Spiel 2: Dosenkugeln

MATERIAL: große und kleine Konservendosen, Klebeband, nach Wunsch: Acrylfarben und Pinsel, Sandkasteneimer, Trinkbecher (aus Kunststoff), Wattekugeln, weiche Balle verschiedener Größe, Tennis- und Tischtennisbälle

Die Konservendosen sollten sauber ausgespült und trocken sein und dürfen keine scharfen Ränder aufweisen. Sie können die Dosen dazu auch am oberen Rand mit Klebeband umwickeln. Die Kinder können die Dosen nach Wunsch und Ideen mit Acrylfarben anmalen. Toll, wenn Sie auch einige richtig große Konservendosen dabei haben. Alle Dosen, Kugeln und Bälle bis zum Fest in einem Wäschekorb sammeln.

Die Spielstation fürs Dosenkugeln bauen Sie am besten an einem ebenen Stück gemähter Wiese oder in einer Terrassen-Ecke auf. Die Dosen und Eimer in einer Linie auf den Boden legen. Ein Stück davon entfernt die Kugeln bereitlegen. Die Kinder sollen versuchen, mit den Bällen und Kugeln nur durch Rollen und Zielen auf dem Boden in die Konserven oder Eimer zu treffen. Spielregeln legen die Kinder selbst fest. Für den Anfang kann sich jeder Spieler vier unterschiedliche Geschosse/Kugeln auswählen. Wer rollt die meisten Kugeln in die Dosen? Ältere Kinder können die Konservendosen auch mit Punktzahlen beschriften.

Idee: Margot Lindner

Guten Morgen, ihr Füße!

Bewegungseinheit

Jetzt sind die Füße an der Reihe! Gerade der Sommer ist eine gute Zeit, um den eigenen Körper und unter anderem auch die Füße zu entdecken. Im Sommer ist das Barfuß-Turnen eine tolle Möglichkeit, um die meist gut verpackten Füße einmal genauer unter die Lupe zu nehmen.

Alter: ab 3 Jahren
Dauer: 40 Minuten
Ort: Bewegungsraum

Material

- 2 Turnbänke
- 4 Gymnastikreifen
- Material zum Füllen der Reifen (Seile, Tennisringe, Säckchen, Tücher, Schwämme)
- Kreppklebeband

Vorbereitung

Stellen Sie zwei Bänke parallel nebeneinander im Abstand von etwa 80 cm auf. Zwischen die Bänke kommen vier Gymnastikreifen. In die Gymnastikreifen legen Sie unterschiedliche Materialien. Das können Seile, Säckchen, Schwämme, Tücher und Tennisringe, aber auch sehr gut Naturmaterialien (glatte Steine, Sand, Erde, Zapfen, Gras, Moos …) sein. Kleben Sie mit dem Kreppklebeband Schlangen- oder Zickzacklinien auf dem Boden ab.

Aufwärmen: Balancier-Linien

Das Mitmachgedicht ist eine schöne Begrüßung und Einstimmung in die Füßchen-Turnstunde. Anschließend balancieren die Kinder auf den abgeklebten Linien und probieren verschiedene Lauf- und Gangarten aus: *auf Zehenspitzen gehen, stampfen, schleichen, schnell laufen und vieles mehr.*

Idee: Britta Bartoldus

Mitmachgedicht: Guten Morgen, ihr Füße!

**Guten Morgen, ihr Füße,
wie heißt ihr denn?**
Über beide Beine und Füße streicheln zum Begrüßen.

Ich heiße Hampel.
Mit der Hand gegen den rechten Fuß drücken.

Und ich heiße Strampel.
Mit der Hand gegen den linken Fuß drücken.

Ich bin das Füßchen Übermut.
Gegen den rechten Fuß drücken.

Und ich bin das Füßchen Tunichtgut.
Gegen den linken Fuß drücken.

Übermut und Tunichtgut
Beide Füße im Wechsel anheben.

gehen auf die Reise.
Die Füße beugen und strecken sich.

**„Patsch!", durch alle Sümpfe,
nass sind Schuh und Strümpfe.**
Bei „patsch" Füße auf den Boden stupsen.

**Schaut die Mutter um die Eck,
laufen alle beide weg.**
Mit den Füßen auf der Stelle laufen.

Schwerpunkt: Barfuß-Parcours

Fordern Sie die Kinder auf, über die unterschiedlichen Materialien zu gehen. Auch möglich: im Sitzen auf der Bank die Füße auf die Tastmaterialien in den Ringen legen und im Sitzen und ganz in Ruhe mit den Fußsohlen die Materialien erspüren. Ermutigen Sie die Kinder, ihre Eindrücke zu beschreiben: Wie fühlen sich die einzelnen Materialien an den Füßen an? Was mögen die Kinder? Was ist vielleicht etwas unangenehm? Was kitzelt? Was ist lustig?

Ein Wichtel wollte Beeren naschen

Mitmachgedicht

Alter: ab 3 Jahren
Dauer: 15 Minuten

Ein Wichtel wollte Beeren naschen, stopft sich die Beeren in die Taschen.
Das Beerenpflücken nachstellen.

Streckt sich, reckt sich, hoch hinauf, so weit es geht, hinauf, hinauf.
Sich ganz groß machen, auf die Zehenspitzen stellen. Arme über den Kopf führen und recken.

Eine Beere fällt herunter, der Wichtel bückt sich, fängt sie munter.
Ganz klein machen, in die Hocke gehen.

Der Wichtel steigt durch hohes Gras, macht sich seine Kleider nass.
Mit ganz langen Schritten herumgehen.

Der Wichtel schüttelt Arm und Bein, den ganzen Körper, das ist fein.
Arme und Beine sanft ausschütteln.

Brombeeren, Himbeeren hat er nun, er tanzt vor Glück, ohne zu ruh'n.
Auf der Stelle tanzen.

Macht sich auf den Weg zurück, die Beeren sind noch da, zum Glück. Tschüss!
Auf der Stelle gehen und dabei winken.

Idee: Tina Scherer

XXL-Wurfspiel

Bewegungsspiel

Ein paar Wäschekörbe, Reifen und ein Würfel – schon ist das Wurfspiel für die Wiese fertig. Für ein bisschen Rummelfeeling im Kita-Garten.

Alter: ab 3 Jahren
Dauer: 20 Minuten

Material

- 6 Wäschekörbe
- Gymnastik- oder Hula-Hoop-Reifen
- Flummis oder kleine Bälle
- Softwürfel

Vorbereitung

Versehen Sie die Wäschekörbe mit Würfelaugenpunkten oder nummerieren Sie sie von 1 bis 6. Stellen Sie sie mit genügend Abstand auf der Wiese auf und schon kann es losgehen: Mit den Gymnastikreifen versuchen die Kinder die Körbe zu treffen – wie bei einem klassischen Ringewurfspiel.

Spielideen

IDEE 1: Füllen Sie die Wäschekörbe mit kleinen Flummis oder Bällen. Jeder, der mit seinem XXL-Reifen trifft, darf sich als Belohnung einen Flummi aus dem Korb nehmen.

IDEE 2: Jedes Kind wirft drei Mal und addiert seine Punktezahl: Das Kind mit den meisten Punkten ist Ringesieger.

IDEE 3: Die Kinder würfeln mit dem Softspielwürfel. Je nach angezeigter Augenzahl muss der Wäschekorb mit der entsprechenden Zahl oder Ziffer getroffen werden.

Idee: Tina Scherer

Auf der Pferdekoppel

Bewegungseinheit

„Hüüüüh!" In dieser Turnstunde machen kleine Ponys Sport. Die Kinder bauen sich dazu einen eigenen Pony-Parcours auf und fühlen sich ganz in die Pferde ein. Zum Aufwärmen und Ausklingen bieten sich kleine Sinnesspiele an. Hier ist eine Pony-Bewegungseinheit, die Sie nach eigenen Ideen und Vorschlägen der Kinder ganz einfach umwandeln und ergänzen können.

Alter: ab 3 Jahren
Dauer: 50 Minuten
Ort: Bewegungsraum

Aufwärm-Übung: Auf der Pferdekoppel

Die Kinder laufen durch den Raum. Dabei probieren die Kinder unterschiedliche Gangarten der Pferde aus: Schritt, Trab und Galopp. Lassen Sie die Kinder dabei ihr Tempo selbst bestimmen.

Idee: Britta Bartoldus

Schwerpunkt 1: Hindernislauf

MATERIAL: Hütchen, Pylonen, Stäbe, Schaumstoffblöcke

Die Hütchen, Stäbe und Blöcke werden zu Hindernissen aufgebaut. Die Kinder können beim Aufbau helfen und ihre eigenen Ideen mit einbringen. Dabei legen sie auch fest, wie der Parcours später durchlaufen werden soll. Die Kinder dürfen als Pferde den Parcours ausprobieren: *auf allen Vieren, im Schritt, Trab und Galopp, rückwärts ganz schnell/ langsam.*

Schwerpunkt 2: Partnerspiel – Pferde führen

MATERIAL: 1 Pferdegeschirr oder Turnseile

Die Kinder gehen zu zweit zusammen. Einem Kind wird das Pferdegeschirr angelegt. Das andere Kind führt das Pferd durch den Raum. Zwischendurch werden die Rollen gewechselt. Wenn kein Pferdegeschirr vorhanden ist, können die Kinder auch einfach Turnseile verwenden. Dabei wird die Mitte von dem Seil in den Nacken des Kindes gelegt und die Seilenden jeweils unter den Armen durch nach hinten geführt. Dies ist die beste Möglichkeit, um Verletzungen vorzubeugen.

Abschluss-Entspannung: Pferde putzen

MATERIAL: Weiche Bürsten, je 1 Turnmatte für 2 Kinder

Die Kinder finden sich zu Paaren zusammen. Jedes Paar legt sich eine Matte aus. Ein Kind legt sich auf die Matte. Das andere Kind darf sich eine Bürste aussuchen. Jetzt darf der Partner (sanft!) geputzt werden.

Ab auf die Wasserrutsche!

Bewegungseinheit

Das Freibad in den Bewegungsraum holen? Das geht! Zur Einstimmung legen die Kinder ihre Handtücher in der Halle aus, allerdings so nah beisammen, dass ein Gespräch möglich ist. Haben die Kinder Lust, Freibad zu spielen? Jedes Kind legt sich auf das eigene Handtuch und genießt die Sonnenstrahlen. Dabei können die Kinder sich darüber austauschen, was am Freibad toll ist.

Alter: ab 3 Jahren
Dauer: 45 Minuten
Ort: Bewegungsraum

Aufwärmen: Auf die Handtücher, fertig, los!

MATERIAL: 1 Handtuch für jedes Kind, Musik

Die Kinder laufen zur Musik durch den Raum. Bei Musik-Stopp laufen die Kinder so schnell wie möglich zu ihrem Handtuch. Dabei geben Sie folgende Aufgaben: *auf den Bauch legen, auf den Rücken legen, zu zweit auf ein Handtuch setzen, kurz abtrocknen, nur mit dem Popo das Handtuch berühren, nur mit den Händen und Füßen das Handtuch berühren, sich unterm Handtuch verstecken …*

Idee: Britta Bartoldus

Station 1: Die Wasserrutsche

MATERIAL: 1 Bank, 2 Matten, Sprossenwand

Eine Bank in die Sprossenwand hängen und mit zwei kleinen Matten absichern. Wer traut sich, die große Wasserrutsche hinab ins Schwimmbecken zu rutschen?

Station 2: Der Sprungturm

MATERIAL: 1 großer Kasten, 1 kleiner Kasten, 1 Weichboden

Einen großen Kasten vor einen Weichboden stellen. Falls gewünscht oder nötig einen kleinen Kasten als Aufstiegshilfe aufbauen. Wer traut sich den Sprung vom 10-Meter-Turm mitten hinein ins blaue Wasser?

Station 3: Das Wellenbad

MATERIAL: 1 Bank, 1 große Matte

Im Wellenbad herrscht heute ganz schön Seegang. Wer will sich ins Wasser stürzen und die Wellen hinauf- und hinabkrabbeln … äh … -schwimmen? Eine große Matte über eine Bank legen und schon kann's losgehen.

Station 4: Entspannen im Planschbecken

MATERIAL: Planschbecken, Bälle

Ein Planschbecken mit Bällen füllen. Hier dürfen die Kinder ein Bad nehmen.

Abschluss: Trockenrubbeln

Und was kommt nach einem langen Freibadtag? Richtig: das Trockenrubbeln! Zum Schluss legt sich jedes Kind auf das eigene Handtuch. Erzählen Sie den Kindern von ihrem Tag im Freibad. Sie dürfen noch einmal davon träumen.

Die Wiesentiere feiern Sommerfest

Mitmachgeschichte

Alter: ab 3 Jahren
Dauer: 15 Minuten

Heute sind wir alle Tiere. Und heute ist etwas ganz Tolles passiert: Alle Tiere haben von den Ameisen eine Einladungskarte zu einem Sommerfest bekommen.

Zuerst machen sich die Spinnen auf den Weg zum Sommerfest.
Die Kinder gehen in den umgekehrten Vierfüßlerstand und bewegen sich mit dem Rücken nach unten und dem Bauch nach oben vorwärts.

Hurra, die Spinnen sind da!
Alle klatschen.

Auch die Käfer krabbeln los.
Alle legen sich auf den Rücken und heben Arme und Beine und strampeln los.

Hurra, die Käfer sind da!
Alle klatschen.

Die Frösche springen mit einem lauten „Quak, Quak!" gleich los.
In die Hocke gehen und vorwärts hüpfen.

Hurra, die Frösche sind da!
Alle klatschen.

Die wunderschönen Schmetterlinge fliegen durch die Lüfte zum Fest.
Auf den Boden setzen, die Füße anziehen, mit den Händen die Füße umklammern und die Beine auf und zu klappen.

Hurra, die Schmetterlinge sind da!
Alle klatschen.

Auch die Schnecken wollen das Fest nicht verpassen und krabbeln sofort los.
Auf den Bauch legen und kriechen.

Hurra, die Schnecken sind da!
Alle klatschen.

Hurra, alle Tiere sind jetzt da.
Das Fest kann losgehen!

Idee: Michaela Lambrecht

Mein Strandtag

Mitmachgedicht

Alter: ab 3 Jahren
Dauer: 15 Minuten

Die Sonne scheint warm, es ist so schön,
heute will ich schwimmen gehen.
Die Arme nach oben strecken und wieder sinken lassen,
danach Schwimmbewegungen andeuten.

Ich packe meine Tasche und nehme mein Rad,
jetzt geht sie los, meine große Fahrt.
So tun, als würde man eine Strandtasche packen.

Mal fahre ich rauf und auch mal runter,
trete in die Pedale, das macht mich munter.
Auf der Stelle treten, die Hände nach vorne strecken, so als
würde man sich an einem Lenker festhalten.

Ich komme aus der Puste, mir ist so heiß,
jetzt bin ich am Strand, hier gibt es ein Eis.
Die Stirn mit dem Handrücken abwischen, danach an einem imaginären Eis schlecken.

Nun ziehe ich schnell meine Schwimmsachen an,
damit es endlich losgehen kann.
Anziehbewegungen machen.

Ein Sprung ins Wasser, es ist so schön kühl,
jetzt schwimm und plantsch ich, so lange ich will.
Einmal hochspringen, danach Schwimmbewegungen andeuten.

Dann nehm ich mein Handtuch und trockne mich ab,
ich fahre nach Hause auf meinem Rad.
Abtrocknen, danach auf der Stelle treten, die Hände halten sich am Lenker fest.

Idee: Leah Schäfer

Buchstabenbewegung für die Großen

Alter: ab 5 Jahren
Dauer: 50 Minuten

Bewegungsspiele

Wissenschaftler haben herausgefunden, dass es sich mit Bewegung besser lernt und Sprache und Bewegung im Gehirn Zentren haben, die eng miteinander verbunden sind. Da bietet es sich an, eine kleine Bewegungseinheit für die großen Kita-Kinder zu kreieren, denn nach dem Sommer geht die Schule los!

Musikstoppspiel: Anlaut-Rennen

MATERIAL: 10 Buchstabenkarten mit passenden Wortkarten, CD-Spieler mit Lieblingsmusik der Kinder

Bereiten Sie 10 Buchstabenkarten und dazu passende Wortkarten (etwa eine Buchstabenkarte mit einem großen A und ein kleines Bildkärtchen mit einem Apfel) vor, beispielsweise für die Buchstaben A, B, E, D, F, M, R, T, S, L. Legen Sie die Bildkärtchen gut sichtbar für alle an zehn verschiedenen Stellen im Raum aus. Die Buchstabenkarten nehmen Sie an sich. Dann kann's losgehen: Stellen Sie die Musik an. Alle Kinder laufen zur Musik durch den Raum. Wenn die Musik stoppt, halten Sie die Karte hoch, damit alle Kinder sie gut sehen können. Die Kinder müssen nun schnell zur passenden Bildkarte im Raum rennen oder laufen. Wo war die noch gleich?

Turnspiel: Buchstabenakrobaten

MATERIAL: 28 DIN-A4-Bögen Papier oder feste Pappe

Stellen Sie gemeinsam mit den Kindern Buchstabenkarten her: Je ein DIN-A4-Bogen bekommt einen Großbuchstaben. Geben Sie den Kindern die Großbuchstaben. Ein Kind darf blind einen Buchstaben ziehen. Die Kinder sollen diesen Buchstaben nun jeweils alleine, zu zweit oder zu dritt darstellen – je nach Anzahl der Kinder. Die Kinder können sich dazu auf den Boden legen oder den Buchstaben im Stehen mit dem Körper nachbilden.

Laufgeschichte: Hindernisse mit Anlauten

MATERIAL: 2 Hütchen

Stellen Sie die Hütchen mit etwa 10 m Abstand zueinander auf. Die Kinder sitzen an einem Hütchen. Sie erzählen nun die kurze Geschichte „Der kleine Apfel". Wenn der Anlaut A in der Geschichte vorkommt, laufen die Kinder so schnell wie möglich zum anderen Hütchen und wieder zurück und nehmen wieder Platz.

Geschichte: Der kleine Apfel

Eines schönen Sommertages wandert der kleine Igel zum Apfelbaum. Unterwegs entdeckt er sechs Ameisen, die schwer tragen müssen. Beim Baum eingetroffen bemerkt der kleine Igel, dass kein Apfel um den Baum herum liegt. Der Bauer Albert hat sie gepflückt. Doch da sieht der kleine Igel einen Apfelkern. Er nimmt den Kern mit in seine Höhle und pflanzt ihn in einen Blumentopf. Nach einiger Zeit wächst der Kern zu einer kleinen Pflanze und er pflanzt die kleine Pflanze in seinen Garten. Er hofft, nach seinem Winterschlaf einen kleinen Apfelbaum in seinem Garten entdecken zu können, von dem er selber die leckeren Äpfel essen kann.

Idee: Britta Bartoldus

Herbst

Der kleine Apfel

Bewegungseinheit

Vom Baum in den Mund: Diese Reise stellen die Kinder in dieser Turnstunde als Äpfel selbst nach. Ob auf dem Förderband, in der Sortiermaschine oder im Waschkasten – Riesenspaß ist garantiert.

Alter: ab 3 Jahren
Dauer: 40 Minuten
Ort: Bewegungsraum

Einstimmung und Aufwärmen: Äpfelpflücken

MATERIAL: Wäscheständer oder -leine, 1 Schwungtuch, 100 Wäscheklammern in Gelb, Grün und Rot, 3 Körbe

Bauen Sie einen Apfelbaum auf, indem Sie ein Schwungtuch über einen großen Ständer oder eine Wäscheleine hängen. Das Tuch wird so drapiert, dass viele Falten entstehen. An die Falten können Sie die Wäscheklammern in den oben genannten Farben anklemmen. Stellen Sie die drei Körbe im Abstand von ca. 10 m Entfernung auf. Klemmen Sie an einen Wäschekorb eine gelbe, an den nächsten eine rote und an den letzten eine grüne Klammer. Die Kinder haben die Aufgabe, immer einen Apfel (Wäscheklammer) zu pflücken und in die passenden Körbe zu bringen. Das Spiel endet, wenn alle Äpfel gepflückt wurden.

Station 1: Waschanlage

MATERIAL: 2 Turnbänke, 2 Turnmatten

An dieser Station werden die Kinder selbst zu Äpfeln. Als erstes werden die Äpfel gewaschen. Dazu kommen alle Äpfel in große Waschkästen: Stellen Sie zwei Bänke nebeneinander auf und legen Sie zwei Matten darüber. Die Kinder können in dem so entstandenen Tunnel umherkrabbeln, sich wälzen und drehen – wie Äpfel.

Station 2: Apfeltrockenanlage

MATERIAL: 1 Turnbank

Nach dem Waschen werden die Äpfel wieder abgetrocknet. Dazu können sich die Kinder kurz mit den Händen abrubbeln. Ein Förderband transportiert die trocknenden Äpfel weiter zur Sortieranlage: Eine Bank wird aufgestellt. Über diese Bank können sich die Kinder ziehen.

Station 3: Sortieranlage

MATERIAL: 1 Weichbodenmatte, 2 kleine Turnkästen, 4 bis 6 kleine Turnmatten

Stellen Sie zwei kleine Kästen dicht nebeneinander und legen Sie eine Weichbodenmatte mittig darüber. Unter der Weichbodenmatte/an den Seiten sichern Sie alles mit den kleinen Matten. Die Kinder (Äpfel) rollen vom höchsten Punkt aus hinunter und machen sich ganz lang, sie strecken auch ihre Arme nach oben aus.

Station 4: Förderband

MATERIAL: Sprossenwand, 1 Turnbank, 3 kleine Turnmatten

Schon sind unsere Äpfel fertig sortiert. Die Äpfel für den Apfelsaft kommen in die Presse. Die Äpfel zum Rohessen rutschen in den LKW, der sie zum Markt bringt: An die Sprossenwand in der Turnhalle hängen Sie eine Bank ein und sichern diese Konstruktion mit einigen Matten. Die Kinder können die Sprossenwand hochklettern und von dort aus hinunterrutschen oder sie ziehen sich die Bank hoch und rutschen rückwärts wieder herunter.

Abschluss: Verkostung

MATERIAL: Schale mit Apfelstücken

Treffen Sie sich mit den Kindern im Kreis und bieten Sie ihnen die Apfelstückchen an. So wie die Äpfel in der Turnübung wurde auch ihr Apfel gepflückt, gewaschen, getrocknet, sortiert und schließlich eingekauft. Wie schmeckt den Kindern der Apfel? Woher er wohl gekommen ist?

Idee: Britta Bartoldus

Kastanienboule

Geschicklichkeitsspiel

Boule ist ein sehr altes französisches Spiel, das eigentlich mit schweren Metallkugeln gespielt wird. In dieser Variante probieren es die Kinder stattdessen mit dem, was der Herbst zu bieten hat.

Alter: ab 4 Jahren
Dauer: 20 Minuten

Material

- Pro Kind zwei Kastanien
- Bunte Finger- oder Acrylfarben
- 1 Eichel
- Seile oder Stöcke/Zweige

Vorbereitung

Jedes Kind sucht sich zwei schöne Kastanien. Falls die Kastanien noch ganz frisch sind, sollten sie zunächst über Nacht trocknen. Dann tupfen die Kinder ihre Lieblingsfarbe mit dem Finger auf ihre Kastanien. Dabei sollte jede Farbe nur einmal vorkommen, sodass jedes Kind auf seinen beiden Kastanien eine eigene Farbe hat.

Wer trifft die Eichel?

Dann kann es losgehen: Stecken Sie im Gruppenraum oder draußen auf dem Waldboden mit Seilen oder Zweigen ein quadratisches Spielfeld ab. Der Boden sollte hier möglichst frei und eben sein. Der erste Spieler wirft oder kugelt die Eichel ins Feld. Die nächsten Spieler reihum versuchen nun, mit ihrer ersten Kugel möglichst nah an die Eichel heranzurollen oder heranzuwerfen. Dann probieren die Spieler in der zweiten Runde das Gleiche mit der zweiten Kastanie. Dabei ist es auch erlaubt, fremde Kastanien wegzuschießen. Wer am Ende, wenn kein Spieler mehr Kastanien übrig hat, mit seiner Kastanie am nächsten an der Eichel liegt, hat gewonnen und darf in der nächsten Runde die Eichel auswerfen.

Idee: Tina Scherer

Bald beginnt der Igelschlaf

Mitmachgedicht

Alter: ab 3 Jahren
Dauer: 10 Minuten

Ein Igel rennt, so schnell es geht,
keucht und schwitzt, oje, oje.

Auf der Stelle laufen, dabei keuchen und sich pantomimisch den Schweiß abwischen.

Hinter ihm, ihr seht es gleich,
hetzt ihn ein Fuchs durchs Blätterreich.

Weiter auf der Stelle laufen.

Schnell rollt sich der Igel ein,
macht sich rund und auch ganz klein.

In die Hocke gehen und den Kopf einziehen.

Der Fuchs rennt weg und
schwuppdischwauf,
steht der Igel wieder auf.

Wieder aufstehen.

Schüttelt sich und streckt sich auch,
dann reibt er sich den Igelbauch.

Sich schütteln und strecken, den Bauch reiben.

Eine Schnecke wär jetzt nett,
dann wird der Igel dick und fett.

Weiter den Bauch reiben.

Und dann kuschelt er sich ein
ganz klein,
schlummert in den Herbst hinein.

Sich hinlegen und Schnarchgeräusche machen.

Idee: Tina Scherer

Flattertiere unterwegs

Fangspiel

Fledermäuse sind tolle Tiere, die sich im Frühherbst gut beobachten lassen, denn jetzt wird es früh dunkel und es ist noch warm genug, sodass die Fledermäuse jetzt noch auf die Jagd gehen. Wie Sie herausfinden, ob Fledermäuse in der Nähe sind? Werfen Sie einen Schlüsselbund in die Höhe, möglichst mehrmals. Die Fledermäuse orten das Geräusch in der Luft und versuchen, es anzufliegen.

Alter: ab 4 Jahren
Dauer: 20 Minuten

Die Nachtfalterjagd

Fledermäuse ernähren sich ja bekanntlich gerne von Nachtfaltern. In diesem Spiel sind die Kinder Nachtfalter. Stellen Sie das Lichtchen auf. Die Nachtfalter „fliegen" (tanzen, laufen, spazieren) um das Lichtchen herum. Ein Kind ist die Fledermaus. Die Fledermaus versucht, einen der Falter zu fangen. Hat sie ein Kind gefangen, so wird das Kind selbst zur Fledermaus und geht gemeinsam mit seinem Fänger auf die Jagd nach weiteren Faltern. Das Spiel ist zu Ende, wenn auf diese Weise alle Falter zu Fledermäusen geworden sind.

Material

- 1 kleines Lichtchen (Windlicht, Taschenlampe)

Idee: Tina Scherer

Die kleine Kastanie

Massagegeschichte

Alter: ab 3 Jahren
Dauer: 20 Minuten

Material

- 1 Kastanie für je 2 Kinder
- Matten

Die kleine Kastanie hängt noch hoch oben an einem Kastanienbaum.
Kastanie zwischen den Schulterblättern leicht auf der Stelle drücken.

Mit einem Mal reißt der Wind sie vom Baum und sie fällt mit einem „Plumps!“ auf den Boden.
Kastanie plumpst vorsichtig im Lendenwirbelbereich auf den Rücken.

Die kleine Kastanie möchte ein Abenteuer erleben und macht sich auf den Weg.
Kastanie im Zick-Zack den Rücken entlanggleiten lassen.

Die kleine Kastanie ist ganz aufgeregt und hüpft vor Freude hin und her.
Kastanie hüpft auf dem Rücken vorsichtig hin und her.

Die Kastanie ist an einer Straße angelangt und möchte sie überqueren. Sie schaut nach links und nach rechts.
Die Kastanie wandert auf dem Rücken von links nach rechts und zurück.

Auf der anderen Straßenseite befindet sich eine Wiese. Das gefällt der kleinen Kastanie und sie rollt und kullert über die Wiese.
Die Kastanie rollt quer über den Körper hin und her.

Nach dem Toben ist die kleine Kastanie ganz müde. Sie legt sich ruhig unter einen Baum.
Die Kastanie auf dem Rücken liegen lassen.

Die kleine Kastanie spürt die warme Sonne auf sich herabscheinen.
Kastanie an der Stelle leicht reiben.

Es kommt ein kleiner Wind auf.
Er wiegt die Kastanie sanft in den Schlaf.
Pusten.

Idee: Britta Bartoldus

Spaziergang durch den Herbst

Mitmachgeschichte

Alter: ab 3 Jahren
Dauer: 20 Minuten
Ort: Bewegungsraum

Material

- Selbst gesammelte Herbstblätter in einem Korb
- Je 1 grünes und 1 rotes Tuch
- 1 Langbank

Schon ist der Herbst gekommen. Heute wollen wir gemeinsam einen Spaziergang machen. Zuerst müssen wir durch einige befahrene Straßen und über Ampeln.

Die Kinder dürfen sich frei im Raum bewegen. Die Tücher symbolisieren das entsprechende Ampelzeichen.

Endlich sind wir auf einem Feldweg angekommen. Hier können wir endlich ganz schnell laufen oder hüpfen, denn hier gibt es keine Autos.

Die Kinder dürfen ganz schnell durch den Raum laufen, rennen und hüpfen.

Hört mal, da ist doch ein Geräusch. Quak, quak! Das sind Frösche. Sie hüpfen in einem kleinen Teich hin und her. Könnt ihr das auch?

Die Kinder hüpfen wie die Frösche umher.

Auf einer Weide galoppieren zwei kleine Ponys. Wisst ihr, wie Ponys rennen? Könnt ihr das nachmachen?

Kinder galoppieren wie die Ponys im Galoppsprung.

Jetzt machen die Ponys eine Pause. Gemeinsam betrachten wir die schönen bunten Herbstblätter, die auf dem Weg liegen. Wir spielen mit ihnen und werfen sie in die Luft.

Die Kinder dürfen die Blätter aus dem Korb nehmen und in die Luft werfen. Die Kinder tanzen und wirbeln wie Blätter umher.

Jetzt sind wir schon im Wald angekommen. Im Wald gibt es immer Abenteuer zu erleben. Quer über unseren Weg ist ein Baum im Herbststurm umgestürzt. Wir balancieren auf dem Baumstamm, um auf die andere Seite zu kommen.

Die Kinder dürfen auf der Langbank balancieren.

Schnell ist die Zeit vergangen und wir müssen wieder zurück in den Kindergarten. Am besten machen wir uns jetzt auf den Heimweg ...

Die Kinder können über die gleichen Stationen wieder zurückgehen.

Idee: Michaela Lambrecht

Der Herbstwind

Laufspiel

Jetzt im Herbst ist es ganz schön stürmisch. Der Herbstwind hat im Bewegungsraum alles durcheinandergewirbelt. Nun muss schnell wieder Ordnung her!

Material

- Bälle, Platten, Tücher in Rot, Gelb, Blau, Grün (aus dem Rhythmik-Fundus)
- Teambänder in den gleichen Farben

Alter: ab 3 Jahren
Dauer: 15 Minuten
Ort: Bewegungsraum

So ein Durcheinander!

Teilen Sie die Kinder in vier Gruppen auf. Jede Gruppe trägt eine Farbe und muss alle Dinge ihrer Farbe einsammeln. Dafür steht jede Gruppe in einer Ecke des Raumes. In der Raummitte liegen alle farbigen Gegenstände auf einem großen Haufen. Gewonnen hat die Gruppe, die am schnellsten alle ihre Farbteile eingesammelt hat.

Sie können das Spiel erschweren, wenn jedes Kind immer nur ein Teil tragen darf. Schwieriger wird es, wenn jeweils zwei Kinder an den Beinen zusammengebunden werden.

Idee: Marion Bischoff

Gespenstergesang

Mitmachlied

Alter: ab 3 Jahren
Dauer: 15 Minuten

Wir rasseln mit den Ketten, wir geben keine Ruh,
drum hört doch den lauten Gespenstern mal zu.
Wir rasseln, wir rasseln, wir rasseln die ganze Nacht.
Wir rasseln, wir rasseln, wir rasseln die ganze Nacht.

Die Kinder schütteln ihre Arme.

Wir stampfen mit den Beinen, wir geben keine Ruh,
drum hört doch den lauten Gespenstern mal zu.
Wir stampfen, wir stampfen, wir stampfen die ganze Nacht.

Die Kinder stampfen mit den Beinen.

Wir tanzen auf der Stelle …

Die Kinder tanzen auf der Stelle.

Wir drehen uns im Kreise …

Die Kinder drehen sich.

Wir schweben auf und nieder …

Die Kinder gehen mehrmals in die Hocke und wieder in den Stand.

(Melodie: Zeigt her eure Füße)

Idee: Margot Lindner

Liebe kleine Fledermaus

Mitmachgedicht

Alter: ab 3 Jahren
Dauer: 5 Minuten

Liebe kleine Fledermaus,
breite deine Flügel aus.

Mit den Händen Flatterbewegungen machen,
dazu die Hände zunächst nah beieinander halten,
dann die Arme mit flatternden Händen ausbreiten.

Flieg im Wald bei Nacht umher,
Motten schnappen: gar nicht schwer!

Flatterbewegungen, dann pantomimisch das
Fangen einer Motte aus der Luft nachstellen.

Dann ruh dich aus, du kleines Ding,
kuschel dich mit Freunden hin.

Arme nah an den Körper nehmen und
leicht zusammenkauern.

Idee: Tina Scherer

Schnapp die Maus

Bewegungsspiele

Das macht im Herbstwald oder draußen auf der Wiese Spaß: Bei den folgenden Spielideen verwandeln sich die Kinder in einen Greifvogel. Suchen Sie einen Greifvogel aus, den Sie mit den Kindern vielleicht schon einmal in echt bewundern konnten.

Alter: ab 3 Jahren
Dauer: 20 Minuten pro Spiel

Spiel 1: Mäusejagd

MATERIAL: 1 Matratze, Matte oder Decke

Bestimmen Sie eine Wiese oder ein gut umgrenztes Gebiet als Spielfeld und legen Sie etwa in der Mitte die Matte oder Decke aus. Zwei oder drei Kinder sitzen auf der Matte, sie sind die Vogelkinder. Ein Kind ist die Greifvogelmama. Alle anderen Kinder sind Feldmäuse. Die Feldmäuse huschen auf dem Feld oder der Wiese umher. Wenn sie einen Baum berühren, sind sie vor dem Greifvogel sicher. Ansonsten kann der Greifvogel sie durch Abschlagen packen und mit ins Nest zu den Vogelkindern nehmen. Dort bleiben die Feldmäuse bis zum Ende des Spiels. Das Spiel ist zu Ende, wenn alle Feldmäuse gefangen sind oder die Vogelkinder erklären, dass sie keinen Hunger mehr haben.

Spiel 2: Greifvogel-Wettbewerb

MATERIAL: Kleine weiche Bälle

Bei diesem Spiel kreisen alle Kinder als Greifvögel auf der Wiese. Dabei passen sie gut auf, ob eine Feldmaus, ein Hamster oder eine andere Greifvogel-Delikatesse auf der Wiese auftaucht. Das passiert, wenn Sie einen oder gleich mehrere kleine Bälle gleichzeitig aufs Spielfeld rollen oder werfen. Dann stürzen sich alle Greifvögel auf die Mäuse. Wer eine Maus erbeutet, trägt sie weiter mit sich herum. Wenn alle Bälle erbeutet sind, können die Greifvögel abzählen, wer bei der Jagd erfolgreich war.

Spiel 3: Greifvogel-Gymnastik

MATERIAL: Stabile Stifte in unterschiedlichen Größen, kleine, weiche Bälle, Wattebäusche, Federn, 1 Körbchen, 1 Decke

An einem warmen Herbsttag legen Sie eine Decke aus. Verteilen Sie die Gegenstände darauf. Greifvögel haben große Füße mit langen, scharfen Krallen daran. Mit diesen Krallen packen sie ihre Beutetiere. Das können die Kinder mit ihren eigenen Füßen nachspielen. Schaffen es die Greifvögel, alle verteilten Gegenstände nur mit den Füßen zu greifen und zurück ins Körbchen zu transportieren?

Spiel 4: Greifvogel-Alarm

Bei diesem Spiel benötigen Sie kein Material, dafür aber ein Stück Wald oder eine Wiese mit Bäumen. Ein Kind ist der Greifvogel. Die anderen Kinder suchen sich aus, welches kleine Wiesen-, Feld- oder Waldtier sie gern sein möchten: Eidechse, Feld-, Wald-, Spitzmaus, Hamster, Mauswiesel, Marder, Singvogel … Dann geht es los. Die kleinen Tiere flitzen auf dem Spielfeld umher. Sobald der Greifvogel auftaucht, müssen sie sich schnell verkriechen. An einem Baum sind sie vor dem Greifvogel sicher. Schnappt der Greifvogel sie vorher (durch Abschlagen oder Berühren), scheiden sie aus. Das Spiel ist zu Ende, wenn der Greifvogel nicht mehr hungrig ist oder nur noch ein Wiesentier übrig bleibt. Dieses Kind spielt in der nächsten Runde den Greifvogel.

Idee: Tina Scherer

Wetter-Wald-Spaziergang

Mitmachgeschichte

Alter: ab 3 Jahren
Dauer: 30 Minuten
Ort: Bewegungsraum

Material

- 1 großes Zeitungsblatt pro Kind

Wir machen uns auf den Weg. Es ist ganz schön weit bis in den Wald.
Durch die Halle gehen oder laufen.

Wir wandern durch den Herbstwald. Es liegen schon ganz viele Blätter auf dem Boden, über die wir springen können.
Die Kinder legen ihre Zeitungen auf den Boden und springen darüber.

Der Wind pustet heute ziemlich stark. Hui, er lässt die Blätter tanzen.
Die Kinder heben die Zeitungsblätter auf und laufen damit so durch die Halle, dass sie hinter ihnen her wehen.

Jetzt fängt es auch noch an zu regnen. Schnell, wir stellen uns unter und halten eine Regenplane über uns!
Die Kinder nehmen ihre Zeitungen und halten sie als Dach über sich.

Durch den Regen sind auf den Waldwegen ein paar Pfützen entstanden. Wir hüpfen in die Pfützen hinein und heraus.
Die Kinder legen die Zeitungen ausgebreitet auf den Boden und hüpfen immer auf die Zeitung und schnell wieder herunter.

Wir können aber auch versuchen um die Pfützen herumzulaufen.
Die Kinder laufen zwischen den Zeitungen hindurch und versuchen keine Zeitung zu berühren.

Langsam wird es dunkel und wir machen uns auf den Heimweg.
Die Kinder laufen durch die Halle.

Zu Hause angekommen, ziehen wir unsere Gummistiefel und Kleidung aus.
Ausziehbewegungen machen.

Von unserem Ausflug sind wir so müde, dass wir uns ein bisschen ausruhen.
Die Kinder legen sich auf Matten oder in die Kuschelecke und ruhen einige Minuten aus.

Idee: Britta Bartoldus

Kastanienkorb

Laufspiel

Ein schnelles Laufspiel für Zwischendurch: Im Wald, beim Spaziergang, auf der Wiese – nur ein Kastanienbaum sollte in der Nähe sein!

Material

- Pro Kind 1 Korb
- Kastanienbäume

Alter: ab 3 Jahren
Dauer: 15 Minuten

Alle Kinder stehen an einem Startplatz in der Nähe von Kastanienbäumen. Mit dem Startzeichen laufen die Kinder los und versuchen in der vorgegebenen Zeit möglichst viele Kastanien in ihre Körbe zu sammeln.
Die Zeit sollte etwa 1 bis 2 Minuten betragen, je nachdem wie viele Kastanien am Boden liegen. Entscheiden Sie das einfach vor Ort.

Die gesammelten Kastanien können Sie hinterher zum Basteln verwenden.
Sie können die Kinder auch in Teams aufteilen. Am Ende zählen dann die gemeinsam gesammelten Kastanien.

Idee: Marion Bischoff

Der Igel Kasimir

Mitmachgedicht

Alter: ab 3 Jahren
Dauer: 15 Minuten

Kasimir, das Igelkind,
flitzt jetzt durch das Laub geschwind.

Umherrennen.

Von weitem ruft die Igelmutter:
„Kasimir, hier ist dein Futter.
Iss jetzt was und dann sei brav
und halte deinen Winterschlaf."

Doch Kasimir, der denkt nicht dran,
fängt lieber gleich zu hüpfen an.

Herumhüpfen.

Erst rechts dann links, auf einem Bein,
nach vorn und hinten – das muss sein!

Auf einem Bein hüpfen, dann vor und zurück springen.

Er stellt die Stacheln, macht sich krumm
und rollt sich auf dem Boden rum.

Die Beine an den Körper ziehen und auf dem Boden rollen.

Kasimir sucht sich geschwind,
ein andres kleines Igelkind.

Zu zweit zusammengehen.

Rücken an Rücken stellen sie sich auf,
ihre Stacheln bewegen sich runter
und rauf.

Die Kinder stehen mit dem Rücken zueinander und reiben sich aneinander. Dabei gehen sie in die Hocke und stehen wieder auf.

Kasimir muss gähnen –
jetzt ist es Zeit,
zum Schlafen ist er nun bereit.

Gähnen, strecken und sich auf den Boden legen.

Idee: Leah Schäfer

Äpfel sammeln

Laufspiel

Ein flottes Aufwärmspiel zum Mitdenken und Mitrechnen – beim Äpfelsammeln müssen sich die Kinder konzentrieren. Denn Vorsicht: Die Kisten dürfen nicht zu voll werden!

Alter: ab 3 Jahren
Dauer: 15 Minuten

Material

- 6 Kisten
- Bälle in verschiedenen Größen und Farben

Vorbereitung

Versehen Sie die Kisten mit Würfelaugen. Jede Gruppe bekommt 3 Kisten. Die Gesamtaugenzahl muss für beide Gruppen gleich sein. Bälle benötigen Sie in der Gesamtzahl der Würfelaugen auf den Kisten.

Streuobstwiese

Teilen Sie die Kinder in zwei Gruppen auf. Die Bälle liegen kreuz und quer im Raum verteilt. Die Kisten stehen hintereinander bei der Gruppe. Sie geben das Startzeichen und dann sammeln die Kinder die Bälle ein. Dazu sagen Sie, dass die Bälle nun Äpfel sind und die Äpfel unbedingt in ihre Kisten gesammelt werden müssen. Aber keine Kiste darf zu voll geladen werden. Deswegen dürfen immer nur so viele Äpfel in die Kiste, wie Augen darauf sind. Die Gruppe, die ihre Kisten am schnellsten richtig gefüllt hat, hat gewonnen.

Sie können die Spielregeln verschärfen, indem falsch gefüllte Kisten bei der Auswertung nicht gelten. So könnte am Ende auch die Mannschaft gewinnen, die noch nicht alle Kisten gefüllt hat.

Idee: Marion Bischoff

Winter

Spiele im Winterwald

Bewegungsspiele

Im Winterwald ist es langweilig und viel zu kalt zum Spielen? Ganz falsch: Diese Spiele machen richtig viel Spaß, fördern Teamgeist, Konzentration und Körpergefühl und nebenbei erfahren die Kinder einiges über das Winterverhalten der Tiere im Wald. Das (wichtigste) Spielmaterial finden Sie direkt vor Ort im Wald.

Alter: ab 3 Jahren
Dauer: 30 Minuten

Spiel 1: Fichtenzapfenjagd

MATERIAL: Lange Seile oder Stöcke, Fichtenzapfen (oder andere Zapfen)

Die Kinder sammeln möglichst viele Fichtenzapfen (oder andere Zapfen) zu einem großen Haufen: Es sollten mindestens 80 bis 100 Zapfen zusammenkommen. Mit den Seilen oder Stöcken legen die Kinder ein kreisförmiges oder sechseckiges Spielfeld. Mit zwei weiteren Seilen oder weiteren Stöcken teilen die Kinder das Spielfeld in vier etwa gleich große Tortenstücke. In jedes Tortenstück stellt sich eine gleich starke Gruppe Kinder. Jede Gruppe legt sich 20 bis 25 Zapfen in ihr Feld. Aufgabe: In einer bestimmten Zeit soll das eigene Feld leer werden, aber die Zapfen dürfen nicht aus dem Kreis geworfen werden, sondern nur in andere Felder des Gegners. Wer nach einer bestimmten Zeit die wenigsten Zapfen in seinem Feld liegen hat, der hat als Team gewonnen.

Spiel 2: Eichhörnchenspiel

MATERIAL: Pro Kind 10 (ältere Kinder 12 oder 15) Nüsse, Eicheln, Bucheckern oder Steinchen

Beim Eichhörnchenspiel sind Orientierungsvermögen im Wald, Konzentration und Merkfähigkeit gefragt. Genau wie die Kinder müssen nämlich auch die Eichhörnchen versuchen, im Winter ihre Verstecke wiederzufinden. Für die Kinder sind bei diesem Spiel zusätzlich auch Zählen und erstes Rechnen wichtig. Die Kinder teilen sich in zwei Teams auf: in A-Hörnchen und B-Hörnchen. Jedes der Hörnchen erhält 15 Nüsse oder Eicheln. A-Hörnchen dürfen nur ein bis drei Nüsse zusammen verstecken, B-Hörnchen fünf und mehr. Wenn alle Nüsse versteckt sind (Zeitlimit 90 Sekunden), wird es Winter und die Eichhörnchen müssen sich nun ihre Nahrung suchen. Im Dezember müssen sie drei Nüsse innerhalb einer Minute gefunden haben, im Januar vier und im Februar fünf. Wer nicht genügend findet, ist verhungert und scheidet aus.

Idee: Michael Müller

Zu Besuch am Nordpol

Alter: ab 3 Jahren
Dauer: 40 Minuten

Mitmachgeschichte

Material

- 1 weißes Chiffontuch für jedes Kind
- 1 Bettlaken
- Tisch mit Decke

Heute machen wir gemeinsam eine Reise zum Nordpol. Wir müssen uns ganz warm anziehen, denn am Nordpol ist es sehr, sehr kalt.
Die Kinder spielen pantomimisch das Anziehen von Stiefeln, Anorak, Mütze, Schal und Handschuhen nach.

Der Nordpol ist sehr weit weg und wir fliegen mit dem Flugzeug dorthin.
Die Kinder breiten die Arme aus und fliegen durch den Raum.

Endlich sind wir angekommen. Es ist sehr viel Schnee am Nordpol. Wir müssen unsere Beine ganz weit anheben, um durch den tiefen Schnee zu stapfen.
Kinder ziehen ihre Beine beim Gehen nach oben.

Wir haben Lust auf eine Schneeballschlacht bekommen. Das macht Spaß!
Die Kinder formen weiße Chiffontücher zu einem Ball und spielen damit eine Schneeballschlacht nach.

Jetzt werden wir von einem Hundeschlitten abgeholt. Der Schlitten zieht uns durch den Schnee.
Die Kinder setzen sich auf ein großes Laken, Sie ziehen sie durch den Raum.

Wir kommen an einem gefrorenen See vorbei, Schnell schlittern wir etwas auf dem Eis entlang.
Die Kinder machen Bewegungen wie beim Schlittschuhlaufen oder schlittern auf Strümpfen in der Halle.

Jetzt ist es nicht mehr weit bis zu unserem Iglu.
Die Kinder kriechen unter einen Tisch mit einer Decke.

Schon bald ist es wieder Zeit für unseren Rückflug. Aber was war das? Hilfe, Eisbären! Schnell weg zu unserem Schlitten!
Alle laufen so schnell wie möglich zum Bettlaken und werden noch einmal gezogen.

Puh, das war knapp. Wir fliegen von unserer Reise wieder nach Hause.
Mit Flugbewegungen durch den Raum fliegen.

Das war ein schöner Ausflug!

Idee: Michaela Lambrecht

Vorsicht, Eisfee!

Fangspiel

Kennen Sie das? Am Montagmorgen ist es noch ziemlich frisch im Gruppenraum und die Kinder (und Sie) frösteln. Bevor schlechte Winterlaune aufkommt, testen Sie doch einmal dieses lustige Nachlaufspiel, bei dem Eisfee und Sonne gegeneinander antreten.

Alter: ab 3 Jahren
Dauer: 10 Minuten

Festgefroren an der Erde

Bestimmen Sie ein Kind als Eisfee und geben Sie dem Kind ein blaues Tuch. Bestimmen Sie ein Kind zur Sonne und geben Sie dem Kind ein gelbes Tuch. Die Eisfee versucht alle Kinder zu fangen. Hat sie ein Kind gefangen, friert das Kind ein und bleibt stehen. Nur die Sonne kann das Kind wieder befreien, indem das Kind mit dem gelben Tuch abgerubbelt wird und auftaut. Anschließend kann das Kind wieder mitspielen. Die Sonne ist so stark, dass sie von der Eisfee nicht eingefroren werden kann.

Material

- 1 blaues und 1 gelbes Tuch

Idee: Britta Bartoldus

Schneeflockenrennen

Alter: ab 4 Jahren
Dauer: 20 Minuten

Bewegungsspiel

Spiele mit viel Bewegung und Spannung können gerade jetzt im Winter unruhige, größere Gruppen wieder zu mehr Ruhe führen. In Streitsituationen können sie deeskalierend und ablenkend wirken. Sie fokussieren die Aufmerksamkeit der Kinder wieder und tun auf diese Weise allen Beteiligten gut. Das Schneeflockenrennen ist eines davon.

Material

- winterliche Musik
- 2 große Zeitungsbogen (aufgeklappt)

Schneeflöckchen renn!

Legen Sie die beiden Zeitungsbogen im Raum aus. Stellen Sie die Musik an. In diesem Spiel sind die Kinder Schneeflocken. Sie laufen, rennen, tanzen, wirbeln, ohne sich zu berühren, zur Musik im Raum umher. Berühren sich zwei Schneeflocken, schmelzen sie zu einer Riesenflocke zusammen und müssen sich von nun an zusammen durch den Raum bewegen.

Wo können wir landen?

Die Schneeflocken möchten natürlich gern auf der Erde landen. Doch leider bewegen sich die Schneeflocken über einem See, auf dem es nur zwei winzige Inseln gibt. Im See würden die Schneeflocken schmelzen, doch auf den Inseln können sie sich niederlassen – wenn sie schnell genug sind. Verstummt die Musik, lässt der Winterwind nach und die Flocken sinken zu Boden. So schnell wie möglich müssen sie auf den Zeitungsbogen landen. Schaffen es alle Schneeflocken, sich auf den Bogen zu drängen? Riesenflocken müssen sich gut gegenseitig festhalten.

Zusammen sind wir Schnee!

Haben die Kinder es geschafft, sich auf den Bogen zu drängen, können Sie in der nächsten Runde ein Stück Zeitung abreißen, sodass der Platz auf der Insel weniger wird. Bei diesem Spiel müssen die Kinder gleichzeitig erfinderisch und solidarisch sein, um gemeinsam auf den Zeitungsbogen Platz zu finden. Absprachen, gegenseitige Hilfe und gemeinsames Planen sind hier notwendig.

Idee: Tina Scherer

Winterwunderland

Mitmachgeschichte

Material

- 3 Turnmatten
- 3 Kästen
- Wattebälle

Alter: ab 3 Jahren
Dauer: 30 Minuten
Ort: Bewegungsraum

Liebe Kinder, es geht los. In wenigen Minuten starten wir unseren Flug ins Winterwunderland. Aber vorher müssen wir uns noch richtig warm anziehen. Wir schlüpfen in die Jacke und die Hose, streifen unsere Handschuhe über und ziehen die Mütze über die Ohren. Den Schal wickeln wir um unseren Hals und stecken unsere Füße in die Winterstiefel.
Pantomimisch darstellen.

Der Wind weht und wir breiten unsere Arme aus, damit wir abheben können.
Pusten und mit ausgebreiteten Armen durch den Raum laufen.

Schneeflocken wirbeln uns um die Nase und wir können fast nichts mehr sehen. Da hilft es nur, wenn wir uns gegenseitig festhalten.
Jedes Kind fasst ein anderes an der Hand und sie laufen gemeinsam weiter.

Plötzlich ist kein Wind mehr zu hören. Nur die Schneeflöckchen flattern leise zu Boden.
Alle bleiben stehen und lauschen.

Doch da vorne – ein Schneehase. Könnt ihr ihn sehen? Er springt über die Schneehügel.
Die Kinder hüpfen über die Kästen.

Auf einer Schneewolke fliegen wir weiter. Da weht wieder der Wind herein und pustet uns hin und her.
Auf die Matten setzen und mit dem Oberkörper hin und her schaukeln.

Er bläst immer stärker. Schnell stehen wir auf und tanzen mit den Schneeflocken und den Wolken im Wind.
Kinder laufen, hüpfen, tanzen herum.

Aber dann fallen plötzlich Schneebälle vom Himmel.
Wattebälle gleichmäßig verteilen.

Jetzt können wir eine lustige Schneeballschlacht beginnen.
Kinder bewerfen sich gegenseitig mit den Wattekugeln.

Puuh, wie gut, dass gerade eine dicke Wolke vorbeikommt: Da können wir uns draufsetzen und uns nach Hause bringen lassen.
Alle setzen sich auf die Matten.

Idee: Marion Bischoff

Die Winterolympiade

Bewegungseinheit

Ihre Kinder wollten schon immer einmal Skispringen? Oder Eiskunstlaufen? Das klappt natürlich auch in Ihrer Turnhalle. Mit ein paar einfachen Tricks ermöglichen Sie den Kindern ihren Lieblingswintersport. Machen Sie eine Olympiade daraus, bei der jedes Kind eine kleine Auszeichnung erhält.

Alter: ab 3 Jahren
Dauer: 60 Minuten
Ort: Bewegungsraum

Einstimmung: Einmarsch mit Fahnen

MATERIAL: 1 Tuch pro Kind

Auch bei der echten Winterolympiade halten die Sportler einen Einmarsch ab, bei dem sie dem Publikum zuwinken. Genauso machen es die Kinder hier: Geben Sie jedem Kind ein Tuch. Die Kinder stellen sich in der Tür auf und Sie rufen die Kinder nacheinander einzeln auf. Sie dürfen durch den Raum laufen und ihr Tuch schwenken. Die anderen Kinder applaudieren.

Aufwärmen: Schlittschuhlaufen

MATERIAL: 2 Staubtücher pro Kind

Geben Sie jedem Kind zwei Staubtücher. Die Kinder stellen sich mit je einem Fuß auf die Staubtücher und versuchen sich damit durch den Raum zu bewegen.

Station 1: Bob fahren

MATERIAL: 1 kleiner Kasten, 1 Rollbrett

Der kleine Kasten wird umgedreht auf ein Rollbrett gestellt. Die Kinder bilden Paare. Ein Kind setzt sich in den Kasten, das andere Kind schiebt es durch den Raum.

Station 2: Schlepplift

MATERIAL: 1 Teppichfliese, 1 Seil

Auch die Skisportler benutzen einen Schlepplift, um auf die Hügel und Berge zu kommen, genau wie die Freizeitskifahrer. Die Kinder finden sich zu Paaren zusammen. Ein Kind setzt sich auf die Teppichfliese, das andere Kind zieht es durch den Raum.

Station 3: Skispringen

MATERIAL: Sprossenwand, 1 Bank, 1 großer Kasten, 1 Weichboden

Eine Bank mit einem Ende in die Sprossenwand einhängen. Das andere Ende auf einem Kasten auflegen. Dann dahinter die Weichbodenmatte auslegen. Die Kinder klettern die Sprossenwand hoch, rutschen die Bank hinunter und springen vom Kasten auf den Weichboden.

Station 4: Eiskunstlaufen

MATERIAL: 2 Staubtücher pro Kind

Die Kinder stellen sich auf die beiden Staubtücher und versuchen Kunststücke zu machen. Zum Beispiel rückwärtslaufen, drehen, hüpfen und wieder auf den Tüchern landen.

Abschluss: Siegerehrung

MATERIAL: 1 Turnbank, für jedes Kind 1 Medaille

Rufen Sie die Kinder einzeln auf. Die Kinder stellen sich nebeneinander auf die Turnbank. Überreichen Sie jedem Kind eine Medaille. Danach können die Kinder wieder hinausmarschieren: Geben Sie wieder jedem Kind ein Tuch. Die Kinder stellen sich hintereinander auf und Sie rufen die Kinder nacheinander einzeln auf. Sie dürfen durch den Raum laufen und ihr Tuch schwenken.

Idee: Britta Bartoldus

Mit Schneeball, Eis und Flocken

Bewegungseinheit

Schneebälle aus Zeitungspapier, Flocken aus Watte und Eisschollen aus Teppichfliesen: In Ihrer Turnhalle ist heute eisiger Winter. Diese Turnstunde beginnt mit leichter Bewegung zu Musik, steigert sich zu einem echten Auspower-Spiel und hält am Ende eine kleine ruhige Körperwahrnehmungsübung für die Kinder bereit, bei der sich alle wieder entspannen können.

Alter: ab 3 Jahren
Dauer: 40 Minuten
Ort: Bewegungsraum

Einstimmung: Schneeflocke, Schneeball und Eis

MATERIAL: Bewegungsmusik

Versammeln Sie die Kinder zunächst in einem lockeren Sitzkreis. Regen Sie ein Gespräch über Winter, Schnee und Eis an. Dann spielen Sie die Musik ein. Die Kinder laufen zur Musik durch den Raum. Bei den Musikstopps sollen die Kinder möglichst schnell auf die Kommandos reagieren:

SCHNEEFLOCKE: Die Kinder tanzen durch den Raum
SCHNEEBALL: Die Kinder machen sich ganz klein
EIS: Die Kinder bleiben wie eingefroren stehen
SCHNEEGESTÖBER: Die Kinder hüpfen durcheinander

Spiel 1: Eisschollenlauf

MATERIAL: 20 Teppichfliesen

Verteilen Sie die Teppichfliesen im Raum. Der Abstand sollte so gewählt sein, dass die Kinder von einer Teppichfliese zur nächsten hüpfen können. Erklären Sie den Kindern, dass die Teppichfliesen Eisschollen sind. Die Kinder sollen von einer Eisscholle zur nächsten hüpfen, ohne herunterzufallen oder danebenzutreten, denn dann fallen sie ins Eismeer. Der Eisschollenlauf ist auch als Fangspiel möglich.

Spiel 2: Schneeballschlacht

MATERIAL: Zeitungen, 1 langes Seil

Unterteilen Sie den Turnraum mithilfe eines langen Seils in zwei gleich große Felder. Geben Sie jedem Kind zwei Blätter der Zeitung. Die Kinder dürfen daraus Schneebälle formen. Teilen Sie die Kinder in zwei gleich große Gruppen ein. Jeweils eine Gruppe bekommt ein Feld zugeteilt. Die Kinder werfen die Schneebälle in das gegnerische Feld und versuchen zu verhindern, dass Schneebälle im eigenen Feld liegen. Das Spiel ist zu Ende, wenn eine Mannschaft es geschafft hat, dass kein Schneeball mehr im eigenen Feld liegt.

Abschluss: Schnee-Engel

MATERIAL: 1 Turnmatte pro Kinderpaar, Wattebällchen

Die Kinder finden sich zu Paaren zusammen. Ein Kind legt sich mit ausgebreiteten Armen auf die Turnmatte. Das andere Kind legt mit Wattebällchen einen Umriss um das Kind. Das liegende Kind versucht ganz vorsichtig aufzustehen, damit es den eigenen Körperumriss bewundern kann. Anschließend werden die Rollen getauscht.

Idee: Britta Bartoldus

Hilfe für den Weihnachtsmann

Bewegungseinheit

Sie ahnen ja gar nicht, wie viel der Weihnachtsmann jetzt in der Vorweihnachtszeit zu tun hat. Da laufen Rentiere durch ein Loch im Zaun davon, Geschenke geraten durcheinander und Deko-Sterne wollen aufgehängt werden. Bei dieser Bewegungslandschaft statten die Kinder dem Weihnachtsmann in seiner Werkstatt einen Besuch ab und helfen ihm tatkräftig.

Alter: ab 3 Jahren
Dauer: 50 Minuten
Ort: Bewegungsraum

Einstimmung: Mitmachgeschichte In der Wichtelwerkstatt

MATERIAL: Pro Kind 1 Karton

Am Morgen vor Heiligabend stehen alle Weihnachtsgeschenke fertig verpackt auf dem Boden. Die Wichtel gehen um Pakete herum und schauen sich die Pakete ganz genau an. Sie steigen über jedes Paket drüber. Über die kleinen Pakete können die Wichtel sogar springen. Die Wichtel haben ganz tolle Ideen bei ihren Sprüngen: Sie springen vorwärts, seitwärts, rückwärts und sogar mit geschlossenen Beinen über die Pakete. Jeder Wichtel nimmt ein Paket hoch und trägt es vor dem Bauch durch den Raum. Danach tragen die Wichtel die Pakete auf dem Kopf. Dann stellen sich immer 4 bis 5 Wichtel hintereinander auf und gehen in die Grätsche. Dabei reichen sie sich ein kleines Päckchen durch die Beine, dann über den Kopf und an der Seite vorbei. Anschließend bauen die Wichtel einen ganz großen Turm aus den Paketen. Und ganz zum Schluss bringen alle Wichtel ihr Paket in die Ecke, damit die Pakete später gut auf den Schlitten gepackt werden können.

Idee: Britta Bartoldus

Station 1: Sterne aufhängen

MATERIAL: Sprossenwand, 1 Turnbank, 2 Turnmatten, 1 Wäscheleine, Wäscheklammern, Sterne aus Pappe

Eine Bank nicht zu steil in die Sprossenwand hängen und mit zwei kleinen Matten absichern. Die Wäscheleine an der Sprossenwand befestigen und die Wäscheklammern an die Wäscheleine hängen. Legen Sie vor die Turnbank die Sterne aus Pappe. Die Kinder nehmen sich immer einen Stern und bringen ihn die Bank hoch zur Wäscheleine. Dort befestigen sie mit einer Wäscheklammer einen Stern.

Station 2: Geschenke sortieren

MATERIAL: Sprossenwand, 1 Rollbrett, 1 Seil, 4 Tennisringe, 4 Tennisbälle

Das Seil an der Sprossenwand festknoten und die Tennisringe entlang des Seils verteilen. Die Tennisbälle werden bereitgelegt. Die Kinder sitzen auf dem Rollbrett und ziehen sich an dem Seil entlang. Dabei legen sie die Bälle in die Ringe.

Station 3: In den Kamin klettern

MATERIAL: 2 große Kästen, 1 Kriechtunnel, 1 kleiner Kasten

Klemmen Sie den Kriechtunnel als Kaminrohr zwischen zwei große Kästen. Die Kinder klettern mit Hilfe eines kleinen Kastens auf einen großen Kasten und in den Kriechtunnel hinein und wieder heraus.

Abschluss: Der Weihnachtsmann fängt die Rentiere ein

MATERIAL: 1 Turnbank, 1 Kriechtunnel

In einer Ecke der Sporthalle stellen Sie eine Turnbank parallel zu einer Wand in eine Ecke, sodass ein rechteckiger kleiner Raum oder „Stall" entsteht. Den Kriechtunnel davor auslegen, sodass die Öffnung direkt in den Stall führt. Dem Weihnachtsmann sind die Rentiere weggelaufen. Im Zaun gibt es wohl ein Loch. So muss der Weihnachtsmann seine Rentiere zurück in den Stall bringen. Bestimmen Sie ein bis zwei Kinder als Fänger. Die anderen Kinder sind die Rentiere und laufen quer durch die Halle. Die gefangenen Rentiere müssen durch den Tunnel in den Stall kriechen. Nach einer kleinen Pause können die Rentiere durch den Kriechtunnel wieder rauskrabbeln und müssen erneut eingefangen werden.

Nikolaus, pass auf!

Bewegungsspiel

Das hätte der Nikolaus nicht gedacht: Da stibitzt ihm eine Bande Kinder doch tatsächlich seine Geschenke. Nüsse, Mandarinen, Schokolade – alles weg! Da muss er aber tierisch aufpassen! Bei diesem kurzen Aufwärmspiel geht es um all die Weihnachtsleckereien.

Alter: ab 3 Jahren
Dauer: 10 Minuten
Ort: Bewegungsraum

Material

- 2 Reifen
- 20 Walnüsse
- 20 kleine Bälle (Tennisbälle)
- 20 Säckchen

Oh Schreck, die Nüsse sind weg!

Legen Sie die Reifen mit den Materialien in die Mitte. Ein Kind ist der Nikolaus und versucht, den Reifen mit den Nüssen, Mandarinen (Bälle) und der Schokolade (Säckchen) zu bewachen. Die anderen Kinder versuchen immer, einen Gegenstand zu stehlen. Wenn der Nikolaus die Kinder dabei berührt, müssen sie den Gegenstand zurücklegen. Wenn sie es, ohne berührt zu werden, schaffen, den Gegenstand zu stibitzen, dürfen sie ihn in den anderen Reifen bringen. Das Spiel ist zu Ende, wenn alle Gegenstände den Reifen gewechselt haben. Dann übernimmt ein anderes Kind die Rolle von Nikolaus.

Idee: Britta Bartoldus

Clown-Boogie-Woogie

Mitmachlied

Alter: ab 3 Jahren
Dauer: 10 Minuten

Tanzen kann er gut,
der Clown mit dem lustigen Hut.

Tanzbewegungen machen und sich dabei die Hand auf den Kopf halten, wie um einen Hut festzuhalten.

Bei ihm ist jeder Schritt der absolute Hit.

Einen Schritt vor und wieder zurück machen und wieder vor und wieder zurück.

Er klatscht in die Hand
wie keiner im Land.

In die Hände klatschen.

Dreht sich im Kreis,
wird allen ganz heiß.

Einmal im Kreis herumdrehen.

Stampft er und steppt,
wackelt das Parkett.

Mit den Füßen stampfen oder Steppbewegungen machen.

Schwingt er seinen Popo rum,
gucken alle schon ganz dumm.

Mit dem Po wackeln.

Er tanzt den Karnevals-Boogie,
stimmt ein in seinen Woogie!

Jeder tanzt wie er will.

Idee: Michaela Hinsen

Endlich Fasching

Bewegungseinheit

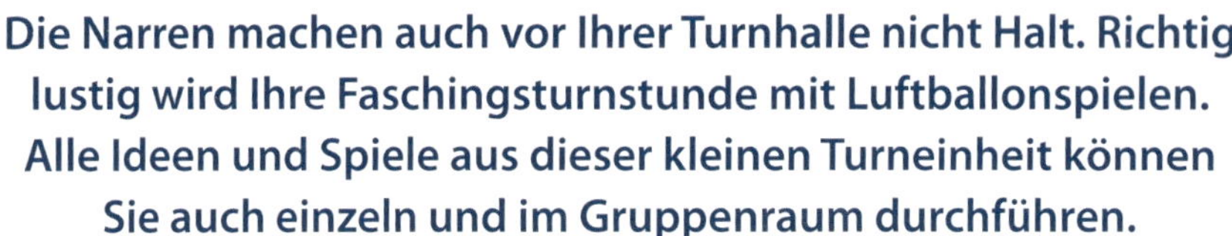

Die Narren machen auch vor Ihrer Turnhalle nicht Halt. Richtig lustig wird Ihre Faschingsturnstunde mit Luftballonspielen. Alle Ideen und Spiele aus dieser kleinen Turneinheit können Sie auch einzeln und im Gruppenraum durchführen.

Alter: ab 3 Jahren
Dauer: 40 Minuten

Material

- 1 Luftballon für jedes Kind
- Bewegungsmusik
- Turnmatten

Einstimmung: Mitmachgeschichte Der Rosenmontagsumzug

Jedes Kind sucht sich eine in der Geschichte vorkommende Rolle aus: Clown, Pirat, Prinzessin, Cowboy. Immer wenn in der Geschichte die zugeteilte Karnevalsgestalt vorkommt, steht das betreffende Kind auf und läuft eine Runde durch den Raum.

Jetzt ist wieder Karneval. Wir sind auf dem Weg zum Rosenmontagsumzug. Schon im Zug gibt es viele verkleidete Menschen: Clowns, Piraten, Prinzessinnen und Cowboys. Der Zug wird langsamer. Wir steigen aus dem Zug aus. Mit uns steigen eine Prinzessin und ein Pirat aus. Die Prinzessin hat ein schönes, pinkfarbenes Kleid an. Und der Pirat hat ein Auge mit einer Klappe verdeckt und ein Tuch auf den Kopf gebunden. Wir suchen uns einen schönen Platz, damit wir den Rosenmontagsumzug gut sehen können. Die ersten Wagen können wir in der Ferne schon erkennen. Zwischen den Wagen tanzen Prinzessinnen auf der Straße und verteilen Rosen an die Frauen. Eine Prinzessin hat eine wunderschöne Krone mit Glitzerperlen auf dem Kopf. Auf dem nächsten Wagen sind ganz viele Clowns. Sie spielen mit Luftballons und pusten Luftschlangen zu den Zuschauern. Der Pirat neben uns hat durch den Wind sein Kopftuch verloren. Doch ein Junge, der als Cowboy verkleidet ist, hebt das Tuch auf und gibt es dem Piraten wieder. Von den Wagen werden ganz viele Bonbons geworfen und wir sammeln die Bonbons schnell auf. Nach dem Rosenmontagsumzug gehen wir wieder zum Zug. Dort warten schon wieder der Clown und der Pirat am Bahnsteigrand. Was für ein schöner Tag für alle Clowns, Prinzessinnen, Piraten und Cowboys. Wir freuen uns schon wieder auf nächstes Jahr.

Spiel 1: Luftballonspiele

Geben Sie jedem Kind einen Luftballon und fordern Sie die Kinder auf, selbst auszuprobieren, was sie alles mit dem Luftballon machen können. Greifen Sie die Ideen der Kinder auf, beispielsweise: *den Luftballon hochwerfen und fangen, durch die Beine reichen, auf der Handfläche balancieren, eine Windmühle machen.*

Spiel 2: Luftballontanz

Die Kinder finden sich zu Paaren zusammen. Jedes Paar hat einen Luftballon. Der Luftballon soll nicht auf den Boden fallen. Er wird gehalten: *zwischen den Bäuchen, zwischen den Köpfen, zwischen den Rücken*

Spiel 3: Luftballon-Dauerflug

Jedes Kind muss seinen Luftballon nach oben stupsen, der Ballon darf nicht den Boden berühren: *mit der Hand, mit dem Ellbogen, mit der Nase, mit dem Knie, mit dem Fuß*

Spiel 4: Wettspiel

Teilen Sie die Kinder in zwei Gruppen ein. Jede Gruppe bildet eine Reihe. Die Kinder sollen von vorne nach hinten den Luftballon weiterreichen. Wenn der Luftballon hinten angekommen ist, läuft das hintere Kind mit dem Luftballon nach vorne und bildet den Anfang der Reihe. Der Luftballon wird weitergereicht: *durch die Beine, über dem Kopf, an der Seite vorbei*

Abschluss: Luftballonmassage

Die Kinder bilden Paare. Ein Kind legt sich mit dem Bauch auf die Turnmatte. Das andere Kind hat den Luftballon in den Händen und rollt damit sanft über den Rücken.

Idee: Britta Bartoldus